新编德语教程

上册

主编 王绪梅
顾问 李昌珂
编者 孟 薇 马 靖
     王从兵 李 微

北京大学出版社
PEKING UNIVERSITY PRESS

图书在版编目(CIP)数据

新编德语教程(上册)/王绪梅主编. —北京：北京大学出版社, 2009.6
ISBN 978-7-301-12974-6

Ⅰ.新…　Ⅱ.王…　Ⅲ.德语-高等教育-自学考试-教材　Ⅳ.H33

中国版本图书馆CIP数据核字(2007)第192297号

书　　　名：	新编德语教程(上册)
著作责任者：	王绪梅　主编
责 任 编 辑：	初艳红
标 准 书 号：	ISBN 978-7-301-12974-6
出 版 发 行：	北京大学出版社
地　　　址：	北京市海淀区成府路205号　100871
网　　　址：	http://www.pup.cn　新浪官方微博：@北京大学出版社
电　　　话：	邮购部 010-62752015　发行部 010-62750672　编辑部 010-62759634
电 子 邮 箱：	alicechu2008@126.com
印 　刷 　者：	天津和萱印刷有限公司
经 　销 　者：	新华书店
	787毫米×980毫米　16开本　12.5印张　288千字
	2009年6月第1版　2023年7月第4次印刷
定　　　价：	49.00元

未经许可，不得以任何方式复制或抄袭本书之部分或全部内容。
版权所有，侵权必究　　举报电话：010-62752024
　　　　　　　　　　　　电子邮箱：fd@pup.pku.edu.cn
图书如有印装质量问题，请与出版部联系，电话：010-62756370

前　言

《新编德语教程》是根据《大学德语教学大纲》（第二版），参照北京市教委关于高等学校二外教学的指示精神而编写的。《教程》借鉴目前国内外同类教材的经验，并结合编者自身的教学实践，目的在于培养学生具有一定的阅读能力，同时具有初步听、说、写、译的能力，使其能够用德语进行简单的信息交流。本教材是北京市高等教育自学考试日语专业二外德语的指定教材，以普通高校初学德语的本科生为教学对象，同时也可作为德语语言培训的基础教材。

《新编德语教程》分为上、下两册。上册共有12课，其中前5课为语音部分，约需20学时授完。6至12课为基础课程，侧重基本交际口语的训练，同时介入基本语法，约需56学时。下册共有10课，加强学生综合运用语言的技能，增加课文的信息量和词汇的难度，进一步完善语法体系，约需100学时。其余时间供复习考试之用，教师也可根据具体教学要求做出切合实际的安排。

本教材除上册的语音部分之外，每课都包括课文、单词表和重点词汇、语法、练习（包括课文练习和语法练习）等几个部分。此外，上册每课的最后还附一则谚语，下册每课的最后附一则简短的对话（多为笑话或趣味性对话），以提高学生学习语言的积极性和趣味性。

与国内同类教材相比，《新编德语教程》具有以下特色：

1. 课文选材浅显易懂、由浅入深。上册课文主要为对话体，侧重语境交际能力培养。下册课文增加了一定的难度，多为课文文本，取材新颖，主题多样，突出时代气息。

2. 语法讲解尽量做到趣味性和实用性相结合，简明扼要，清楚明了，对学生自学具有重要的指导作用。

3. 重点词汇的举例典型、有代表性、口语化、实用性强。

4. 课文练习多为开放性形式，侧重培养学生举一反三、学以致用的能力。上册语法练习结合课文内容，自然渗透到该单元的主题中。下册语法练习多为启发式、开放式，形式灵活、多样。

  《新编德语教程》的内容从2003年9月起在北京科技大学英语专业德语二外的课堂教学中进行试用，并根据教学效果对其中的部分内容进行了修订。

  北京大学德语系的李昌珂教授对本教材的编写进行了悉心的指导，提供了宝贵的意见和建议，并对初稿和终稿进行了审校。谨此深表感谢！

  北京大学出版社外语编辑室的张冰主任对教材的编写和出版提供了大力支持，责任编辑初艳红进行了精心审查和编辑。对于她们的付出，编者在此表示由衷的谢意！热切期望广大师生对本教材中出现的纰漏或不妥之处给予批评和指正！

2009年3月

INHALTSVERZEICHNIS

Lektion 1 ··· 1
   Phonetik ··· 1
      1. 元音字母a, e, i, o, u的读音　2. 辅音字母p, b, t, d, k, g的读音
   Text ··· 5
   Grammatik ·· 5
      名词的性与数

Lektion 2 ··· 7
   Phonetik ··· 7
      1. 变元音字母ä, ö, ü的读音　2. 辅音字母s, f, v, w, m, n, l, r的读音
   Text ·· 11
   Grammatik ··· 12
      人称代词的第一格和动词sein的现在时变位

Lektion 3 ··· 13
   Phonetik ··· 13
      1. 复合元音字母ai, ei, au, eu(äu)的读音　2. 辅音字母z, h, j的读音
      3. 字母组合ch, sch, tsch, ng, nk的读音
   Text ·· 17
   Grammatik ··· 18
      定冠词和不定冠词

Lektion 4 ·········· 19
Phonetik ·········· 19
1. 半元音字母y的读音　2. 辅音字母c, x和字母组合ck, ks, chs

3. 字母组合sp, st, be-, ge-

Text ·········· 21
Grammatik ·········· 23
动词haben的现在时变位

Lektion 5 ·········· 24
Phonetik ·········· 24
1. 字母组合ph, qu, -tion　2. 词重音　3. 句子的语调

Text ·········· 27
Grammatik ·········· 29
零冠词

Lektion 6 ·········· 30
Text A: Guten Tag! ·········· 30
Text B: Familie Müller ·········· 32
Grammatik ·········· 35
1. 基数词　2. 动词现在时变位 I　3. 物主代词及第一格

4. 否定词kein和nicht

Lektion 7 ·········· 45
Text A: Wie spät ist es? ·········· 45
Text B: Ein Ausflug ·········· 47
Grammatik ·········· 51
1. 时间　2. 动词现在时变位 II　3. 情态动词können, möchten, wollen

4. 可分动词　5. 小品词Ja, nein, doch

Inhaltsverzeichnis

Lektion 8 ·· 60
  Text A: Haben Sie ein Hobby? ··· 60
  Text B: Reisen–ein besonderes Hobby der Deutschen ············· 62
  Grammatik ·· 66
    1. 副词性数词和时间副词　2. 第四格　3. 支配第四格的介词
    4. 情态动词dürfen, müssen　5. 正语序和反语序

Lektion 9 ·· 76
  Text A: Einkaufen ·· 76
  Text B: Besuch bei einer deutschen Familie ····························· 78
  Grammatik ·· 84
    1. 货币、度量衡　2. 第三格　3. 支配第三格的介词　4. 支配第三格或
    第四格的介词　5. 情态动词sollen, mögen

Lektion 10 ·· 95
  Text A: Li Gang ist sehr beschäftigt ··· 95
  Text B: Ostern ·· 98
  Grammatik ·· 102
    1. 月份和四季　2. 第二格　3. 支配第二格的介词　4. 反身动词

Lektion 11 ·· 111
  Text A: Auskunft auf der Straße ·· 111
  Text B: Kleider machen Leute ·· 113
  Grammatik ·· 118
    1. 命令式　2. 指示代词dieser, diese, dieses和diese　3. 形容词的弱变化
    4. 形容词的混合变化

Lektion 12 ·· 130
  Text A: Beim Arzt ·· 130
  Text B: Darf ich mich vorstellen? ·· 132

Grammatik ··· 138
　　1. 形容词的强变化　2. 现在完成时　3. 动词haben, sein和werden的过去时

参考译文 ··· 148
参考答案 ··· 160
词汇表 ··· 172
强变化和不规则变化动词表 ··· 190

LEKTION 1

1. 元音字母 a, e, i, o, u 的读音
2. 辅音字母 p, b, t, d, k, g 的读音
3. 名词的性与数

Phonetik

1. 元音字母 a, e, i, o, u 的读音

   a 长音读作[a:]，字母组合 aa, ah 读音为[a:]

a	da	Laden	Bad	Tat
aa	Haar	Maat	Aal	Saat
ah	Ahne	nah	Hahn	mahlen

   短音读作[a]   kann   Damm   dann   Mann   Tante   Mappen

   [a:]—[a]   kam—Kamm   Bahn—Bann
   mahnen—Mann   Raten—Ratten

   e 长音读作[e:]，字母组合 ee, eh 读音为[e:]

e	lesen	geben	beten	reden
ee	leer	Tee	Fee	Kaffee
eh	sehen	Mehl	gehen	Fehler

   短音读作[ɛ]   Ebbe   Ecke   essen   Herr   Heft   elf   Eltern
   轻读音为[ə]   Bode   Dame   Nagel   bekommen   bemerken
   [e:]—[ɛ]   beten—betteln   geben—gelb
   heben—Heft   Kehle—Keller

i 长音读作[i:]，字母组合ie, ih, ieh读音为[i:]

i	Tiger	Niger	Kamin	gibt
ie	sieben	viel	Miete	lieben
ih	Ihr	ihm	ihnen	sieht

短音读作[i]　isst　Mist　bitten　Rippe　Mitte　immer

[i:]—[i]　ihnen—innen　　mieten—mitten

　　　　　sieben—Sinn　　nieder—nimmer

o 长音读作[o:]，字母组合oo, oh读音为[o:]

o	Boden	Mode	oben	Polen
oo	Boot	Moor	Moos	
oh	Kohle	Lohn	ohne	Kohl

短音读作[ɔ]　Otto　Gott　kommen　hoffen　toll　Osten

[o:]—[ɔ]　Oma—Komma　　loben—locken

　　　　　Ton—Tonne　　Dose—dort

u 长音读作[u:]，字母组合uh读音为[u:]

u	Uwe	Hut	tun	Bube	Mut
uh	fuhr	kuh	Huhn	Uhr	

短音读作[u]　tunken　Kunde　kurz　dumm　plump　null

[u:]—[u]　Hupe—Puppe　　Uhr—und

　　　　　Futur—Futter　tun—Turm

2. **辅音字母p, b, t, d, k, g的读音**

　　字母p, t, k读作相应的清辅音[p], [t], [k]。

　　字母b, d, g在音节开头时读作浊辅音[b], [d], [g]，在词尾、音节末尾或辅音前读作相应的清辅音[p], [t], [k]。

[p]	p	Papa	Puma	Papst	Oper
	pp	klappen	Mappe	Puppe	
	b	Obst	gelb	gab	beliebt
[b]	b	Bar	bitten	bleiben	Bus
	bb	Ebbe	hibbeln		

Lektion 1

[b] – [p]		Bar—paar		Puder—Butter		
		Lippe—Liebe		platt—Blatt		
[t]	t	gut	Tat	Tee	Tante	Tag
	tt	statt	Mutter	bitte	Fett	
	th	Thomas	Theodor	Theorie		
	dt	Stadt	Schmidt			
	d	Tod	bald	Band	Bild	
[d]	d	drehen	dort	Panda	dies	drohen
	dd	Pudding				
[t]—[d]		Tick—dick	tun—dumm			
		Tanne—dann	Taten—Daten			
[k]	k	Kind	Kuh	Kanne	Tabak	Kette
	ck	dick	backen	packen	gucken	
	g	Tag	Teig	mag		
[g]	g	gut	gab	Gitter	Gummi	Magen
		Geige				
	gg	Bagger	Flagge			
[k]—[g]		Kragen—graben	Karten—Garten			

读音规则

德语是拼音文字，每个字母都有固定的发音规则。

1) 元音字母自成一个音节读作长音。如：Oma, Abend。
2) 词干元音后没有或只有一个辅音字母时一般读长音。如：da, Dame。例外：an, im, ob, das。
3) 元音字母重叠读长音。如：Boot, Meer。
4) 元音字母后有不发音的字母h时读长音。如：fahren, ihnen。
5) 元音字母后面有两个或两个以上辅音字母时读短音。如：Gift, Mitte。
6) 字母e在非重读音节和非重读前缀be, ge-中发[ə]。
7) b, d, g在元音字母和辅音字母l, r前发浊辅音，在词尾、音节末尾或辅音前发清辅音。如：baden, ob。

语音练习

1) 元音练习

Bad—Beet
Kanne—Keller
bieten—beten
lieben—leben
Uhr—Ohr
tun—Ton
oben—eben
fest—fast
Kind—Kunde
gib—gab

nahme—nehmen
dann—denn
Fieber—Feder
tief—Tee
Hut—hob
Bug—bog
Flug—flog
Tinte—Tante
Bonn—Bund
Motte—Mutter

2) 辅音练习

Piep—Dieb
oben—ob
Tag—Tage
Boden—Lot
Peter—Bete
Bote—Pott

Knabe—knapp
Pack—back
Lob—loben
dumm—Pumpe
Mode—Mond
geben—gab

3) 听录音并选择所听到的词

◇ Block ◇ Tonne ◇ im ◇ nah
◇ Rock ◇ Donner ◇ ihm ◇ nahe

◇ bitten ◇ dumm ◇ baden ◇ Geld
◇ bieten ◇ Dom ◇ tappen ◇ Gold

Lektion 1

Text

1. — Guten Morgen!
   — Guten Morgen!
2. — Guten Tag! Ich heiße Walter Mann!
   — Guten Tag! Ich bin Jutta Bauer!
3. — Das ist Hans und das ist Julia.
   — Tag, Hans!
   — Hallo, Julia!
4. — Auf Wiedersehen! Bis morgen!
   — Tschüss! Bis morgen!

Vokabeln

gut *Adj.* 好
der Morgen - 早晨
der Tag -e 白天
ich 我
heißen 叫，称
ich heiße... 我叫……
sein 是
ich bin... 我是……
ist 是

das *Art./Pron.* 这
und *Konj.* 和
Hallo! 喂！
Auf Wiedersehen! 再见！
Tschüss! 再见！
bis 直到
morgen 明天
Bis morgen! 明天见！

Grammatik

名词的性与数

1. 德语名词的第一个字母一律大写。
2. 名词按其语法属性分为阳性名词、阴性名词和中性名词；名词共有四个格，第一格定冠词分别为der, die, das。

3. 名词复数一般需加词尾,复数名词的定冠词为die。

格	数	性		
		阳 性	阴 性	中 性
第一格	单 数	der Tag	die Frau	das Bett
	复 数	die Tage	die Frauen	die Betten

Aller Anfang ist schwer.

万事开头难。

LEKTION 2

1. 变元音字母 ä, ö, ü 的读音
2. 辅音字母 s, f, v, w, m, n, l, r 的读音
3. 人称代词的第一格和动词 sein 的现在时变位

Phonetik

1. 变元音字母 ä, ö, ü 的读音

   ä 长音读作[ɛ:]，字母组合 äh 读作[ɛ:]

ä	Häfen	Käfer	Läden	Säge
äh	wählen	zählen	näher	blähen

   短音读作[ɛ] hätte Äpfel Fälle Männer Kämpfe

   [ɛ:]—[ɛ]   Bäder—Bände   Hähne—Hämmer
              Mähen—Bälle   Mädel—Mäntel

   ö 长音读作[ø:]，字母组合 öh 读音为[ø:]

ö	Töne	öde	Böden	Flöte	mögen
öh	Höhe	Löhne	Söhne	Höhle	
oe	Goethe	Hoegner			

   短音读作[œ] öfter Köln Löffel Töpfe

   [ø:]—[œ]   lösen—löschen   Höfe—Hölle
              Öfen—öffnen   töten—könnten

   ü 长音读作[y:]，字母组合 üh 读音为[y:]

ü	Lüge	klüger	Blüte	übel
üh	blühen	Gefühl	Hühner	kühl
y	Typ	Asyl	Analyse	Mythos

短音读作[y]

ü	fünf	dünn	Mütter	Glück
y	System	Symbol	Ägypten	Physik

[y:]—[y] hüten—Hütte   Bühne—Bünde
         fühlen—Füller Mühe—Müller

2. 辅音字母 s, f, v, w, m, n, l, r 的读音

s 在辅音前或音节末尾读作清辅音[s]，字母组合ss和ß的读音为[s]

s	Hals	Kunst	mittags	ist
ss	Klasse	essen	küssen	musst
ß	Fuß	fließen	ließ	Maß

s 在元音前读作浊辅音[z]

| s | Musik | Saft | sehen | Süden | sollen | Söhne |

[s]—[z] nass—Nase   Gasse—Gase
         liest—lesen besser—Besen

f 读作清辅音[f]，字母组合ff, ph读作[f]

f	fehlen	Luft	Ofen	fünf
ff	hoffen	öffnen	Affe	Kaffee
ph	Phase	Photo	Philosoph	Phonetik

w 读作浊辅音[v]

| w | was | Wüste | wegen | Löwe | wissen | wohl |

v 在德语本族词语中读作清辅音[f]，在外来词词尾也发清辅音[f]

v	Vater	Vogel	Verkehr	vorlesen
	aktiv	negativ	positiv	intensiv

v 在外来词中读作浊辅音[v]

| v | Vokal | Verb | Volt | Vase |

[f]—[v] Fall—Wall   fehlen—Wellen
         voll—Wolle   viel—wir

m 读作唇鼻音[m]

m	am	Dom	Lampe	atmen
mm	Hamm	kommen	dumm	Kamm

Lektion 2

n 读作齿鼻音[n]

n	an	nieder	Nase	gehen
nn	nennen	können	dünn	Kanne

l 读作齿边音[l]

l	Lob	Tafel	Bild	sammeln
ll	alle	füllen	soll	will

[m]—[n]　im—in　　Pumpe—Bund
　　　　　Mut—nur　kam—kann

[n]—[l]　neben—leben　Knabe—Klage
　　　　　an—All　　　Kinn—Kiel

r 读作浊辅音[r]，有两种读音方法。一种是舌尖颤音，一种是小舌颤音。

r	Rad	regnen	führen	Durst	Tor	wirst
rr	dürr	irren	murren			
rh	Rhein	Rhythmus	Rhenozeos			

字母组合-er在词尾非重读音节中读音为 [ɐ]

-er	Kinder	Koffer	Nummer	Filter
-ern	ändern	kümmern	erinnern	ärgern

[l]—[r]　Lippe—Rippe　Lahm—Rahm　klug—Krug
　　　　　Mehl—mehr　　kalt—Karte　Ball—Bar

读音规则

1) 变元音字母ä, ö, ü的读音规则与元音相同，但ä, ö, ü不重叠。
2) 字母s在元音前读作浊辅音[z]。如：Sie, sagen。
3) 字母s在辅音前或音节末尾读作清辅音[s]。如：erst, Glas。
4) 字母组合ss和ß永远读作清辅音[s]。如：isst, groß。
5) 字母组合ph读作清辅音[f]。如：Philosophie, Phantasie。
6) 字母v在德语本族词语中及外来词词尾读作清辅音[f]。如：Volk, passiv。
7) 字母v在外来词中读作浊辅音[v]。如：Vokabeln, Visum。

语音练习

1) 元音练习

füllen—finden　　　　　fünf—Film
Götter—Güter　　　　　Seele—Säle
lesen—lösen　　　　　　heben—hören
besen—böse　　　　　　Hefe—Höfe
Lieder—Läden　　　　　sieben—Säle
neben—nähen　　　　　offen—öffnen
kennen—können　　　　legen—lügen
Ton—Töne　　　　　　Sohn—Söhne
Bühne—Biene　　　　　Süden—sieden
Tür—Tier　　　　　　　für—vier

2) 辅音练习

Westen—Wesen　　　　lassen—Maßen
legen—regen　　　　　Blut—Brut
fort—Wort　　　　　　Herr—hell
Lilie—Linie　　　　　　Lager—Nagel
Tor—toll　　　　　　　reiten—leiten
Gase—Gast　　　　　　Rasen—Rasse

3) 听录音并选择所听到的词

◇ Söhne　　◇ Helle　　◇ Bären　　◇ Volk
◇ Sühne　　◇ Hölle　　◇ Beeren　　◇ Volt

◇ Beere　　◇ Könnte　◇ Alte　　　◇ Lug
◇ Bier　　　◇ Konnte　◇ Alter　　　◇ Ruck

4) 德语绕口令

In Ulm und um Ulm und um Ulm herum.

Esel essen Nesseln nicht, Nesseln essen Esel nicht.

Hinter Hermann Hannes' Haus hängen hundert Hemden 'raus.

Lektion 2

Text

1. —Guten Tag! Ich heiße Li Gang.
   — Wie bitte?
   — Mein Name ist Li Gang. Wie ist Ihr Name bitte?
   — Zhang Ning.

2. — Guten Abend!
   — Guten Abend! Wie heißen Sie bitte?
   — Ich heiße Schneider. Und Sie?
   — Kittmann.

3. — Wer ist das?
   — Das ist Herr Schneider aus Deutschland.
   — Und die Frau da? Wer ist das?
   — Frau Bauer.

4. — Sind Sie Herr Schmidt?
   — Ja, mein Name ist Karl Schmidt.
   — Kommen Sie aus Deustchland?
   — Nein, aus der Schweiz.

Vokabeln

wie	Adv.	怎样	
bitte	Adv.	请	
Wie bitte?		您说什么？	
mein		我的	
der Name -n		名字	
Mein Name ist...		我的名字是……	
Ihr		您的	
der Abend -e		晚上	
Wie heißen Sie?		您叫什么？	
wer	Adv.	谁	
der Herr -en		先生	
aus + D	Präp.	从……来	
Deutschland		德国	
die Frau -en		妇女，太太，夫人	
sind		是	
ja	Adv.	是的	
* kommen		来	
nein	Adv.	不	
die Schweiz		瑞士	

Grammatik

人称代词的第一格和动词sein的现在时变位

1. 人称代词的第一格

   (1) 人称代词代表人或事物，有单数和复数。

   (2) 单数第三人称的人称代词同名词一样，有性的区别。

   (3) 人称代词也有格的变化。

	单　数	复　数
第一人称	ich	wir
第二人称	du	ihr
第三人称	er/es/sie	sie
尊　称	Sie	Sie

2. 动词sein的现在时变位

   (1) 动词sein与第一格名词或形容词构成复合谓语。

   (2) 该名词应与主语保持性、数、格的一致。

人称代词	sein	例　句
ich	bin	Ich bin Lehrer./我是教师。
du	bist	Du bist Lehrerin./你是教师。
er/es/ sie	ist	Er ist Student./他是大学生。 Sie ist Studentin./她是大学生。 Das Bild (Es) ist alt./这幅画是旧的。
wir	sind	Wir sind Lehrer./我们是教师。
ihr	seid	Ihr seid Lehrerinnen./你们是教师。
sie	sind	Sie sind Studenten./他们是大学生。
Sie	sind	Sie sind Student/Studenten./您是大学生。

Viele Wege führen nach Rom.

条条大路通罗马。

LEKTION 3

1. 复合元音字母ai, ei, au, eu(äu)的读音
2. 辅音字母z, h, j的读音
3. 字母组合ch, sch, tsch, ng, nk的读音
4. 定冠词和不定冠词

Phonetik

1. 复合元音字母ai, ei, au, eu(äu)的读音

    ai, ei 读作[ae]

ai	Mai	Taifun	Mainz	Kaiser	Laie	Saite
ei	weiß	einigen	Eier	Preis	Geist	Feind
ay	Bayern	Mayer				
ey	Meyer					

    au 读作[ao]

au	Auto	Baum	Faust	Laub	Maul	sauber

    eu, äu 读作[ɔø]

eu	Beute	euer	Eule	deuten	teuer	Freund
äu	Häupter	Häuser	Räuber	säuern	Verkäufer	Mäuse

    [ae]—[ao]　　heiß—Haus　　　　　leiten—lauten
    　　　　　　　Feile—faul　　　　　eigen—Augen

    [ao]—[ɔø]　　Baum—Bäume　　　　Raub—Räuber
    　　　　　　　Haufen—heulen　　　Laune—Leute

    [ae]—[ɔø]　　nein—neun　　　　　Feier—Feuer

heiser—Häuser   leiten—läuten

2. 辅音字母z, h, j的读音

   z 读作清辅音[ts]，字母组合ts, tz, ds读音也为[ts]

z	Zeit	Arzt	Herz	Zauber	Zeug
ts	Rätsel	Arbeitstag	abseits	hältst	
tz	Dutzend	sitzen	putzen	nützen	
ds	abends	Landsmann	nirgends	lädst	
zz	Skizze				

   [s]—[ts]   Kasse—Katze   Kurs—kurz
               Hals—Salz   müssen—Mütze

   h 读作清辅音[h]

   h   Haus   Herr   Hilfe   husten   hören   heute

   j 读作浊辅音[j]

   j   Jahr   jetzt   Jubel   Joghurt   Juni   Juli

3. 字母组合ch, sch, tsch, ng, nk的读音

   ch 在元音字母a, o, u和元音字母组合au后读作[x]

   x   nach   hoch   Bauch   Tuch   Tochter   Nacht

   ch 在其他元音、元音字母组合和所有辅音字母后读作[ç]

   ç   echt   mich   möchte   Tücher   euch   Eiche   manch

   ch 在词首及后缀-chen中读作[ç]

   ç   Chemie   China   Häuschen   Mädchen

   [x]—[ç]   Buch—Bücher   Bauch—Becher   Nacht—nächst
             Koch—Köche   machen—Märchen Kuchen—Küche

   ch 在德语专有名词中位于词首时及在外来语的字母a, o, l, r前读作[k]

   k   Chemnitz   Chiemsee   Charakter   Chor   Christ   Chlor

   ch 在部分外来语中读作清辅音[ʃ]

   ʃ   Chef   Chance

Lektion 3

sch 读作清辅音[ʃ]

| | sch | falsch | Fisch | schon | Schule | scheiden | schauen | scheu |

[ʃ]—[ç] mischen—mich   Kirsche—Kirche   Fleisch—frech
Fleisch—gleich   seelisch—selig   kindisch—kindlich

tsch 读作清辅音[tʃ]

tsch deutsch Tscheche Matsch tschüss rutschen

[ts]—[tʃ] Putz—Putsch   Platz—Platsch
Kreuz—Deutsch   Zeche—Tscheche

ng 读作后腭鼻音[ŋ]

ng Angst eng bringen Gong Sänger Hunger Dünger

nk 读作[ŋk]

nk danken senken trinken Onkel Funk dünken

[ŋ]—[ŋk] singen—sinken   Klinge—Klinke
Engel—Enkel   Schlange—Schrank

读音规则

1) 字母组合ch在元音字母a, o, u和复合元音字母au后发[x]，它前面的元音有时发长音，如：nach, Buch；有时发短音，如：noch, Bach。
2) 字母组合ch在其他元音和所有辅音后发[ç]，它前面的元音为短元音，如：Töchter；ch在词首及后缀-chen中也发[ç]，如：München, Chinese。
3) 字母组合sch, tsch, ng, nk之前的元音都发短音，如：waschen, Deutschland。

语音练习

1) 元音练习

Eis—Eisen   Wetter—Weiter
Teller—Teiler   kennen—keinen
fall—faul   Bach—Bauch
fast—Faust   hat—Haut
holen—heulen   Bohne—Beule
Römer—Räume   Söhne—Säule

was—weiß Licht—leicht
furcht—feucht Mal—Meile
für—Feuer Hass—Häuser
schon—Schau schön—Schein

2) 辅音练习

Fleiß—Fleisch wissen—wischen
Tasse—Tasche falls—falsch
sehen—ziehen seit—Zeit
heiser—Heizer sauber—Zauber
lang—lange jung—jünger
Zahl—Schall ziehen—schließen
Sohn—schon sein—Schein
kuschen—Kutsche huschen—rutschen

3) 听录音并选择所听到的词

◇ Schweizer ◇ tschüs ◇ Nacht ◇ futsch
◇ Schwester ◇ süß ◇ nichts ◇ falsch

◇ zeigen ◇ Säule ◇ schön ◇ deutsch
◇ zeugen ◇ Seile ◇ schon ◇ Dolch

4) 朗读以下这首小诗

Wenn ich ein Vöglein wär'
Und auch zwei Flüglein hätt',
flög ich zu dir.

Weil's aber nicht kann sein,
Weil's aber nicht kann sein,
bleibe ich allhier.

Lektion 3

5) 德语绕口令

Kleinkind kann keinen Kirschkern knacken.

Zehn Ziegen zogen zehn Zentner Zucker zum Zoo.

Brautkleid bleibt Brautkleid und Blaukraut bleibt Blaukraut.

Text

1. — Guten Tag, Frau Zhang! Wie geht es Ihnen?
   — Danke, sehr gut. Und Ihnen?
   — Auch gut. Danke.
2. — Ach, du Gabi! Wie geht es dir?
   — Nicht schlecht. Und dir?
   — Danke, es geht.
3. — Hallo, Julian!
   — Tag, wie ist das Leben hier?
   — Sehr schön.
4. — Was ist das hier?
   — Das ist eine Lampe.
   — Und das?
   — Das ist ein Kugelschreiber.

Vokabeln

Wie geht es... ……怎么样?
Ihnen (*Dat.*) 您
Wie geht's? 你好吗?
Wie geht es Ihnen? 您好吗?
dir (*Dat.*) 你
Wie geht es dir? 你怎么样?
nicht *Adv.* 不
schlecht *Adj.* 坏的,糟糕的
Danke! 谢谢

Es geht 还行,还可以
das Leben 生活;生命
hier *Adv.* 这里
sehr *Adv.* 很,非常
schön *Adj.* 漂亮的,美丽的
was 什么
die Lampe -n 灯
der Kugelschreiber - 圆珠笔

Grammatik

定冠词和不定冠词

1. 冠词用来表示名词的性、数、格，分为定冠词和不定冠词。
2. 不定冠词泛指同类事物中的一个，或者第一次提到的某个人或事物；定冠词表达已知的、确定的或再次提到的人或事物。
3. 定冠词和不定冠词的一格形式如下：

	单数			复数
	阳性	中性	阴性	
定冠词	der	das	die	die
不定冠词	ein	ein	eine	-

例：

Das ist ein Tisch./这是一张桌子。

Der Tisch ist groß./这张桌子很大。

Das ist ein Buch./这是一本书。

Das Buch ist alt./这本书很旧。

Das ist eine Schule./这是一所学校。

Die Schule ist schön./这所学校很漂亮。

Das sind Studenten./这些是大学生。

Die Studenten sind fleißig./这些大学生很勤奋。

Zeit ist Geld.

时间就是金钱。

Kommt Zeit, kommt Rat.

船到桥头自然直。

LEKTION 4

1. 半元音字母y的读音
2. 辅音字母c, x和字母组合ck, ks, chs
3. 字母组合sp, st, be-, ge-
4. 动词haben的现在时变位

Phonetik

1. 半元音字母y的读音

   y 在元音前，视为辅音，读音同[j]

       y   Yen   Yuan   Yankee   Yard

   y 读作长元音[y:]

       y   Typ   Asyl   Analyse   Mythos

   y 读作短元音[y]

       y   System   Symbol   Ägypten   Gymnasium

2. 辅音字母c, x和字母组合ck, ks, chs

   c 一般出现在外来语中，在元音a, o, u前读音为[k]

       c   Café   Computer   Camping   Coca-Cola

   在元音e, i前读音为[ts]

       c   Cent   Celsius   circa

   ck 读作清辅音[k]

       ck   Sack   dick   schmecken   zurück

x 读作[ks]

  x Marx fix Taxi Text

ks 读作[ks]

  ks links Keks

chs 读作[ks]

  chs Fuchs wachsen Ochse wechseln

3. 字母组合 sp, st, be-, ge-

sp, st 位于词首时读音分别为[ʃp], [ʃt]

sp	Spaß	Sport	später	Speise
	sprechen	gesprochen	versprechen	
st	stehen	stolz	Staub	Strafe
	Straße	aufstehen	verstehen	

be-, ge- 作前缀时为非重读音节，读音分别为[bə], [gə]

be-	bekannt	bekommen	berühmt	bewusst
ge-	genommen	gebrauchen	genießen	gewöhnlich

读音规则

1) 字母组合ck, ks, chs前的元音都发短音，如：Ecke, Achse。

2) sp, st位于词首时读音为[ʃp], [ʃt]，如：Student, spielen；在词中或词尾时仍读作[sp], [st]，如：Fenster, nächst。

3) be-, ge-作非重读前缀时发音为[bə], [gə]，如：benehmen, gewinnen。

语音练习

1) 朗读以下单词

  Wuchs—Wucht   sechs—sechzehn

  Sprache—Sprecher   Hexe—heiser

  Sachen—Sachsen   verstehen—ersten

  Sport—Respekt   Axt—acht

  Stand—Sand   benommen—genommen

Lektion 4

spitzen—sitzen
Sport—Transport
bekannt—gekannt

Stern—sein
Student—Schwester
Spaß—saß

2) 听录音并选择所听到的词

◇ Staat ◇ gestern ◇ Befund ◇ Stein
◇ Stadt ◇ gegessen ◇ Pfund ◇ Schein

◇ waschen ◇ Ast ◇ bestehen ◇ Physik
◇ wachsen ◇ Axt ◇ besten ◇ Physiker

3) 朗读下文

Spieglein, Spieglein an der Wand,
Wer ist die schönste im ganzen Land?

4) 德语绕口令

Spanier lieben spannende Spiele.

Nicht alle Leute können es ertragen,
wenn Lautenspieler laut die Lauten schlagen,
drum spielen heute laute Lautenspieler leise Laute,
weil manchen Leuten vor den lauten Lautenlauten graute.

Ein sehr schwer sehr schnell zu sprechender Spruch ist ein Schnellsprechspruch,
auch ein nur schwer schnell zu sprechender Spruch heißt Schnellsprechspruch.

Text

1. — Haben wir Hausaufgaben?
   — Ja. Machen Sie Übung 6 und lesen Sie Text 2.
2. — Haben Sie ein Telefon?
   — Ja, ein Handy. Meine Handynummer ist 138 7645 3962.

3. — Wir fahren heute nach Bonn. Kommst du mit?
   — Nein, ich habe keine Zeit.
   — Wieso? Du hast doch keinen Unterricht.
   — Nein. Aber ich habe etwas anderes vor.
4. — Wie heißt das da auf Deutsch?
   — Bleistift.
   — Und das?
   — Das heißt Heft.

Vokabeln

* haben + A 有
wir 我们
die Hausaufgabe -n 家庭作业
　machen 做
die Übung -en 练习
* lesen 读
der Text -e 课文
　sechs 六
　zwei 二
das Telefon -e 电话
das Handy -s 手机
die Handynummer -n 手机号码
　eins 一
　drei 三
　vier 四
　fünf 五
　sieben 七
　acht 八
　neun 九
　fahren 行驶，驾驶

heute 今天
nach + D 到，往
Bonn 波恩
* mit/kommen 一起去
Kommst du mit? 你一起去吗?
die Zeit 时间
das Geld 钱
　wieso *Adv.* 为什么
　doch 小品词，表达愿望或要求时加强语气
　kein *Pron.* 没有
der Unterricht 课程
　aber *Konj.* 但是
　etwas anderes 其他的东西
* vor/haben + A 计划，打算
　da *Adv.* 这时，那时；这里，那里
　auf Deutsch 用德语
der Bleistift -e 铅笔
das Heft -e 练习本

Lektion 4

Grammatik

动词haben的现在时变位

动词haben要求第四格宾语，其现在时变位如下：

人称代词	haben变位形式	例句
ich	habe	Ich habe eine Frage./我有一个问题。
du	hast	Hast du Geld dabei?/你身上带钱了吗？
er/es/sie	hat	Er hat ein Telephon./他有电话。 Es(das Zimmer) hat zwei Fenster./它（房间）有两个窗户。 Sie hat keine Zeit./她没有时间。
wir	haben	Wir haben keine Hausaufgaben./我们没有家庭作业。
ihr	habt	Habt ihr Zeit?/你们有时间吗？
sie	haben	Sie haben heute keine Zeit./他们今天没有时间。
Sie	haben	Haben Sie heute Unterricht?/您今天有课吗？

Reden ist silber, Schweigen ist Gold.

雄辩是银，沉默是金。

LEKTION 5

1. 字母组合ph, qu, -tion
2. 词重音
3. 句子的语调
4. 零冠词

Phonetik

1. 字母组合 ph, qu, -tion

   ph 读作[f]

     Physik Philosophie Philologie Phantasie

   qu 读作[kv]

     quak quer Quadrat Quelle Quinte Quote

   -tion 读作[tsio:n]

     Lektion Qualifikation Information Innovation

2. 词重音

   德语单词的重音一般在第一个音节

     lesen wohnen haben Schule Fenster loben
     Anna Weber Spieler können Bücher Tische

   带有非重读前缀的词重音

     Beziehung verachten erlernen geraten entschuldigen
     bekommen Verkäufer wiederholen geballt Zerstörung

Lektion 5

以-ieren结尾的动词和以-tion结尾的名词的重音

klassifizieren importieren inhalieren verlieren kritisieren
Klassifikation Produktion Lektion Aktion Habilitation

复合词的重音在前一个词的词重音上

Klassenzimmer Krankenschwester Arbeitgeber Hausfrau
Bundesländer Inhaltsangabe Wörterbuch Lebenslauf

缩略词的重音

USA BRD DDR DAAD SPD CDU CSU EWG

3. 句子的语调

陈述句为降调

Das ist Thomas. ↓
Er kommt aus China. ↓
Mein Name ist Fischer. ↓
Es ist schon elf. ↓

带有疑问词的问句一般为降调

Wie ist Ihr Name? ↓
Woher kommen Sie? ↓
Was ist das? ↓
Wie heißt das auf Deutsch? ↓

若是提问人表示关切、补充、重复发问，尤其在前面加上und时，也可用升调

— Woher kommen Sie? ↓
— Aus China. Und Sie? ↑
— Wie geht es Ihnen? ↓
— Danke, gut. Und Ihnen? ↑

一般疑问句为升调

Sind Sie Herr Ma? ↑
Ist das dein Vater? ↑
Wohnen Sie auch hier? ↑
Haben Sie ein Telefon? ↑

命令式为降调

> Bitte lesen Sie! ↓
> Kommen Sie herein! ↓
> Kommen Sie doch mit! ↓
> Nehmen Sie bitte Platz! ↓

语音练习

1) 朗读以下单词

rot	verstehen	studieren	Student
Rad	erklären	informieren	Information
riefen	entscheiden	interessieren	interessant
reden	zerstören	analysieren	Akzent
rauchen	begegnen	probieren	Dozent
Räume	gehören	finanzieren	Universität
reifen	übersetzen	renovieren	Bibliothek

2) 听录音并选择所听到的词

◇ Harz　　◇ Masse　　◇ Knopf　　◇ Lieder

◇ Arzt　　◇ Messer　　◇ Kopf　　◇ nieder

◇ nicht　　◇ bleibt　　◇ klang　　◇ lügen

◇ nacht　　◇ beliebt　　◇ gelang　　◇ logen

3) 朗读以下对话，注意句子的语调

— Haben wir Hausaufgaben?

— Ja. Machen Sie Übung 6 und lesen Sie Text 2.

— Was ist das hier?

— Das ist eine Lampe.

— Und das?

— Das ist ein Kugelschreiber.

Lektion 5

— Sind Sie Herr Weber?
— Ja, mein Name ist Jens Weber.
— Kommen Sie aus Dentschland?
— Ja, aus Leipzig.
— Was sind Sie von Beruf?
— Ich bin Chemiker.

4) 朗读下文

Kinderreim

Eins, zwei, drei,
alt ist nicht neu,
neu ist nicht alt,
warm ist nicht kalt,
kalt ist nicht warm,
reich ist nicht arm,
arm ist nicht reich,
und hart ist nicht weich.

Text

1. Woher kommen Sie?

A: Bitte, woher kommen Sie?
B: Ich komme aus Amerika.
A: Was machen Sie hier? Arbeiten Sie?
B: Nein, ich arbeite nicht, ich studiere.
A: Was studieren Sie?
B: Germanistik.
A: Und wo wohnen Sie denn?
B: Im Studentenheim.

2. Wer ist das?

A: Wer ist der Mann da?

B: Das ist Herr Fischer.

A: Woher kommt er?

B: Aus Frankfurt.

A: Was ist er?

B: Er ist Techniker.

A: Wie alt ist er?

B: 25.

A: Ist er schon verheiratet?

B: Nein, ledig.

A: Wie lange ist er schon hier in Peking?

B: 3 Monate.

Vokabeln

Leipzig 莱比锡
der Beruf -e 职业
der Chemiker - 化学家
 woher *Adv.* 从哪里
 Amerika 美国
 arbeiten 工作
 studieren 上大学
die Germanistik 日耳曼语言文学
 wo *Adv.* 哪里
 wohnen 居住
 denn *Adv. & Konj.* 究竟，到底
 in + D/A *Präp.* 在……里面

das Studentenheim -e 学生宿舍
 Vielen Dank! 非常感谢！
der Mann ⸚ er 男人；丈夫
 er 他
der Techniker - 技术人员
 wie alt 多大
 fünfundzwanzig 二十五
 verheiratet *Adj.* 已婚的
 ledig *Adj.* 单身的
 wie lange 多久
der Monat -e 月

Lektion 5

Grammatik

零冠词

在某些情况下，名词前面无须加冠词，称为零冠词。零冠词的情况有：

1. 不定冠词修饰的名词的复数

   — Was ist das?/这是什么？

   — Das ist ein Buch./Das sind Bücher./这是书籍。

2. 姓名

   Das ist Peter und das ist meine Freundin Nina./这是彼得，这是我女朋友尼娜。

3. 城市、国家和大洲的名称

   Ich lebe in Bonn/ Deutschland/ Europa./我住在波恩/德国/欧洲。

   * 极少数地名或国名为阴性名词或复数，则必须加定冠词。

   Wir kommen aus der Schweiz./我们来自瑞士。

   Er wohnt jetzt in den USA./他现在住在美国。

   Wir fahren die Mosel entlang./我们沿着摩泽尔河行驶。

4. 职业、国籍

   Er ist Techniker./他是技术人员。

   Frau Weber kommt aus Deutschland. Sie ist Deustche.

   韦伯女士来自德国。她是德国人。

5. 带有度量衡说明语的名词

   Ich nehme zwei Kilo Birnen./我买两公斤梨。

   Wir haben sechs Flaschen Bier getrunken./我们喝了六瓶啤酒。

6. 表示不确定的数量，物质名词或抽象名词

   Hast du viel Geld dabei?/你身上带的钱多吗？

   Hast du heute Zeit?/你今天有时间吗？

   Die Schuhe sind aus Leder./鞋子是皮质的。

7. 固定搭配

   Auf Wiedersehen!/再见！

   Nehmen Sie bitte Platz!/请坐！

Der Mensch denkt, Gott lenkt.

谋事在人，成事在天。

LEKTION 6

Text A: Guten Tag!

Text B: Familie Müller

Grammatik:

1. 基数词
2. 动词现在时变位 I
3. 物主代词及第一格
4. 否定词 kein 和 nicht

Text A

Guten Tag!

Frau Meier:	Guten Tag, Herr Schneider!
Herr Schneider:	Guten Tag, Frau Meier!
Frau Meier:	Wie geht es Ihnen?
Herr Schneider:	Danke gut. Und Ihnen?
Frau Meier:	Danke, es geht. Woher kommen Sie?
Herr Schneider:	Ich komme aus Dresden.
Frau Meier:	Und wohin fahren Sie?
Herr Schneider:	Ich fahre nach München.
Frau Meier:	Wohnen Sie in München?
Herr Schneider:	Ja, ich wohne jetzt in München.
Frau Meier:	Arbeiten Sie auch dort?

Lektion 6

Herr Schneider:	Ja, ich arbeite bei Siemens. Und Sie, was machen Sie?
Frau Meier:	Ich bin aus Berlin. Nun fahre ich nach Hamburg und morgen nach Hause.
Herr Schneider:	Entschuldigen Sie, Frau Meier, mein Zug! Auf Wiedersehen!
Frau Meier:	Wiedersehen! Gute Fahrt!

Vokabeln

an + D/A *Präp.* 在……旁边；到……旁边去
der Bahnhof ⸚e 火车站
    Dresden 德累斯顿
    wohin 去何处
* fahren (+ Dir.) 乘车，行驶；驾驶
    München 慕尼黑
    jetzt 现在
    auch *Adv.* 也
    dort 那儿，那里

bei + D *Präp.* 在某人处，在……地方
    Siemens 西门子
    Berlin 柏林
    nun *Adv.* 现在
    Hamburg 汉堡
    nach Hause 回家
    Entschuldigen Sie! 对不起
der Zug ⸚e 火车
die Fahrt -en 旅行，行程
Gute Fahrt! 祝旅途愉快！

Texterläuterungen

Gute Fahrt! 祝旅途愉快！
Viel Glück! 祝好运！
Viel Spaß! 祝玩得开心！
Alles Gute! 祝一切顺利！

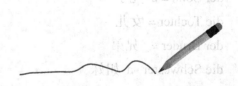

Familie Müller

Heinz Müller kommt aus Düsseldorf. Er ist 42 Jahre alt und verheiratet. Seine Frau heißt Anna. Sie ist 38. Sie haben zwei Kinder, einen Sohn und eine Tochter. Sie leben jetzt in Leipzig.

Herr Müller ist Ingenieur. Er steht morgens um 6 Uhr 30 auf. Die Arbeit beginnt um 8. Er verlässt um 7 das Haus. Er nimmt den Bus. Die Fahrt dauert 40 Minuten. Dann geht er noch 5 bis 10 Minuten zu Fuß. Er arbeitet 8 Stunden pro Tag.

Frau Müller ist Verkäuferin. Sie arbeitet halbtags. Dann kauft sie ein und kocht für die ganze Familie.

Ihr Sohn heißt Hans. Er ist 12 Jahre alt. Er geht schon in die Schule. Er ist fleißig. Die Tochter Maria ist erst 5 und geht noch in den Kindergarten. Sie ist sehr süß.

Vokabeln

die Familie -n 家庭
    Düsseldorf 杜塞尔多夫
das Jahr -e 年；年龄，岁
das Kind -er 孩子
der Sohn ⸚ e 儿子
die Tochter ⸚ 女儿
der Bruder ⸚ 兄弟
die Schwester -n 姐妹

der Freund -e 朋友
die Freundin -nen 女朋友
    leben 生活
der Ingenieur -e 工程师
    * auf/stehen 起床
    um + A *Präp.* 在……点
die Uhr -en 表
die Arbeit -en 工作

Lektion 6

* beginnen (+ mit) 开始
* verlassen + A 离开

das Haus ⸚ er 房屋
nehmen + A 拿；使用，利用
der Bus -se 公共汽车
die U-Bahn -en 地铁
das Flugzeug -e 飞机
das Auto -s 汽车
das Taxi -s 出租汽车
das Fahrrad ⸚ er 自行车
dauern 持续
die Minute -n 分钟
der Fuß ⸚ e 脚
zu Fuß gehen 步行
noch Adv. 还，仍
bis + A Präp. 直到……
die Stunde -n 小时
pro 每

die Verkäuferin -nin 售货员
halbtags 半天的
ein/kaufen + A 采购，买进
kochen (+ A) 煮
für + A Präp. 为了……；对于……
ganz Adv. & Adj. 整个，完全
ihr 她的；他们的
schon Adv. 已经
die Schule -n 学校
fleißig Adj. 勤奋的，努力的
erst Num. 第一的
    Adv. 首先，才
der Kindergarten ⸚ 幼儿园
süß Adj. 惹人喜爱的，漂亮的
heiß Adj. 热的
öffnen 打开
die Tür -en 门

Texterläuterungen

1. Er nimmt den Bus. 他乘公共汽车。   Er fährt mit dem Bus.
             die U-Bahn. 他乘地铁。   mit der U-Bahn.
             das Flugzeug. 他乘飞机。   mit dem Flugzeug.
             das Auto. 他开车。   mit dem Auto.
             das Taxi. 他乘出租车。   mit dem Taxi.
             das Fahrrad. 他骑自行车。   mit dem Fahrrad.

2. Sie arbeitet halbtags. 她工作半天。

Schlüsselwörter

1) treffen 碰到，遇见；击中

S + V + A

Auf dem Weg zur Schule trifft er einen alten Freund./上学的路上他遇见一位老朋友。
Er trifft die Mitte der Scheibe./他射中靶心。

sich treffen mit D   相遇，会见
Die beiden treffen sich zufällig./两人不期而遇。
Ihre Blicke treffen sich (miteinander)./他们的目光相遇。
Morgen um 5 Uhr treffe ich mich mit Hans in der Uni./我明天5点在学校和汉斯见面。

2) fahren 行驶；驾驶

S + V + Dir.
Unser Auto fährt nicht./我们的汽车不走了。
Kannst du fahren ?/你会开车吗？
Morgen fahren wir in die Stadt./明天我们开车进城。

3) auf/stehen 起立；起床

S + V
Langsam steht er auf./他慢慢站起身来。
Von dem Boden steht plötzlich ein Vogel auf./地上突然飞起一只鸟。
Sie steht heute um 7 Uhr auf./她今天7点钟起床。

4) beginnen 开始

S + V
Der Unterricht beginnt um 8 Uhr./8点钟开始上课。

S + V + A/mit D   开始，着手进行
Mit den Dialogen beginnen wir Lektion 7./我们从对话开始学习第七课。
Ich weiß nicht, was ich beginnen soll./我不知道该干什么。

Lektion 6

5) verlassen 离开；抛弃

S + V + A

Mit 12 verlässt er sein Vaterland./他十二岁离开祖国。

Die letzten Autos verlassen heute das Werk./最后一批汽车今天出厂。

Er verlässt seine Familie und geht nach Amerika./他离开自己的家人去往美国。

6) nehmen 拿；购买；乘坐

S + V + A

Das Kind nimmt den Ball und geht./这个孩子拿起球走了。

Ich nehme zwei Bier./我买两瓶啤酒。

Nehmen Sie ein Taxi!/您打车吧！

Nehmen Sie bitte Platz!/您请坐！

7) dauern 延续，持续

S + V (+ Quant)

Wie lange dauert die Fahrt nach Bonn?/去波恩的行程多久？

Die Sitzung dauert 3 Stunden./会议持续三个小时。

Grammatik

1. 基数词 (Die Grundzahlen)

1) 0—100之间的基数词

```
0 null              7 sieben
1 eins              8 acht
2 zwei              9 neun
3 drei             10 zehn
4 vier             11 elf
5 fünf             12 zwölf
6 sechs            13 dreizehn
```

14 vierzehn	26 sechsundzwanzig
15 fünfzehn	27 siebenundzwanzig
16 sechzehn	28 achtundzwanzig
17 siebzehn	29 neunundzwanzig
18 achtzehn	30 dreißig
19 neunzehn	40 vierzig
20 zwanzig	50 fünfzig
21 einundzwanzig	60 sechzig
22 zweiundzwanzig	70 siebzig
23 dreiundzwanzig	80 achtzig
24 vierundzwanzig	90 neunzig
25 fünfundzwanzig	100 (ein) hundert

2) 100以上的基数词

100	(ein) hundert	1000	(ein) tausend
101	hundert (und) eins	1235	(ein) tausendzweihundertfünfun
102	hundert (und) zwei		ddreißig
115	hundertfünfzehn		
136	hundertsechsunddreißig	10 000	zehntausend
200	zweihundert	100 000	hunderttausend
300	dreihundert	1 000 000	eine Million
400	vierhundert	2 000 000	zwei Millionen
500	fünfhundert	1 000 000 000	eine Milliarde
600	sechshundert	2 000 000 000	zwei Milliarden
700	siebenhundert		
...			

Lektion 6

3) 年份表达法

年份	年份表达法	
1749	<im Jahr(e)>	siebzehnhundertneunundvierzig
1945	<im Jahr(e)>	neunzehnhundertfünfundvierzig
2000	<im Jahr(e)>	zweitausend
2003	<im Jahr(e)>	zweitausenddrei

说明：a) 范围为1100—1999时，用相应的百位数字代替千位数。

b) 年份表达既可单独采用阿拉伯数字，也可在数字前加im Jahr(e)，如1998或im Jahre 1998均可。

例：

— Wann und wo ist Goethe geboren?/歌德出生于何时何地？

— Im Jahr 1749 ist Goethe in Frankfurt geboren./1749年歌德出生于法兰克福。

— Wann macht Maria das Abitur?/玛丽亚何时参加高中毕业考试？

— 2003 macht Maria das Abitur./2003年玛丽亚参加高中毕业考试。

2. **动词现在时变位 I** (Konjugation im Präsens I)

1) 弱变化动词现在时的构成：动词词干+动词人称词尾

现在时人称词尾：

数	人称	人称代词	人称词尾
单 数	第一人称	ich	-e
	第二人称	du	-st
	第三人称	er / sie / es	-t
复 数	第一人称	wir	-en
	第二人称	ihr	-t
	第三人称	sie	-en
单数和复数	第二人称尊称	Sie	-en

弱变化动词leben, machen, arbeiten, heißen, handeln等的现在时变位：

人称代词	现在时变位				
	leben	machen	arbeiten	heißen	handeln
ich	lebe	mache	arbeite	heiße	handle
du	lebst	machst	areitest	heißt	handelst
er sie es	lebt	macht	arbeitet	heißt	handelt
wir	leben	machen	arbeiten	heißen	handeln
ihr	lebt	macht	arbeitet	heißt	handelt
sie	leben	machen	arbeiten	heißen	handeln
Sie	leben	machen	arbeiten	heißen	handeln

说明：a) 词干以-d, -t, -chn, -ffn, -tm, -dm等结尾的动词，在句子主语为单数第二、三人称及复数第二人称时，需在动词词干和人称词尾间加上-e，如：bilden, reden, arbeiten, antworten, öffnen, rechnen, zeichnen, atmen, widmen。

b) 词干以-s, -ß, -z, -tz, -x结尾的动词，在进行单数第二人称的人称变位时，去掉人称词尾中的s，避免重复，便于发音，如：reisen, schließen, tanzen, mixen。

c) 如果动词词尾是-eln，在进行单数第一人称变位时，去掉词干中的-e，即字母l前的-e，再添加人称词尾-e，如：handeln, sammeln。

d) 动词词尾是-eln或-ern时，其复数第一、三人称及尊称的人称词尾是-n，而不是-en，如：wir handeln, sie verändern。

2) 现在时的用法

a) 表示目前正在发生的动作或存在的状态

Wo ist Herr Li?/李先生在哪里？

Wir wohnen jetzt in München./我们现在住在慕尼黑。

b) 表示一种普遍存在的常识或现象

Köln liegt am Rhein./科隆位于莱茵河畔。

In Beijing gibt es viele Museen./北京有许多博物馆。

c) 表示将要发生的动作

Frau Müller geht morgen nach Hamburg./米勒太太明天去汉堡。

Lektion 6

3. 物主代词及第一格 (Possessivpronomen im Nominativ)

1) 第一格在句子中作主语或表语。

   a) 作主语

   Die Kinder sind aus Deutschland./孩子们来自德国。

   Sie arbeitet bei Siemens./她在西门子工作。

   b) 作表语

   Das ist **ein Buch**. Das sind **Kugelschreiber**./这是一本书。这些是圆珠笔。

   Ist das **dein Sohn**?/这是你儿子吗?

2) 物主代词的第一格

   物主代词表明占有和隶属关系,它与被限定的名词保持性、数、格的一致。各个人称物主代词的第一格形式如下:

人称代词 N	物主代词 N			
	阳 性	中 性	阴 性	复 数
ich	mein Vater	mein Kind	meine Mutter	meine Kinder
du	dein Vater	dein Kind	deine Mutter	deine Kinder
er	sein Vater	sein Kind	seine Mutter	seine Kinder
sie	ihr Vater	ihr Kind	ihre Mutter	ihre Kinder
es	sein Vater	sein Kind	seine Mutter	seine Kinder
wir	unser Vater	unser Kind	unsere Mutter	unsere Kinder
ihr	euer Vater	euer Kind	eure Mutter	eure Kinder
sie	ihr Vater	ihr Kind	ihre Mutter	ihre Kinder
Sie	Ihr Vater	Ihr Kind	Ihre Mutter	Ihre Kinder

   说明:a) 尊称"您"的物主代词Ihr第一个字母必须大写。

   b) 复数第二人称"你们"的物主代词euer后面如果加词尾,例如在阴性或复数名词前,通常写作eure的形式。

   c) 对物主代词提问用wessen:

   ——Wessen Auto ist das? /这是谁的汽车?

   ——Das ist mein Auto. /我的。

4. 否定词kein和nicht (Negation mit kein und nicht)

   1) 否定词nicht

   a) 否定全句，放句末。如果句子中出现谓语框，则放在框架结构中间部位的最末尾。

Ich komme.	• Ich komme **nicht**.
我来了。	我不来了。
Wir haben den Text verstanden.	• Wir haben den Text **nicht** verstanden.
我们理解了这篇课文。	我们没有理解这篇课文。

   b) 强调对某个句子成分的否定，则放在该成分之前。

Alle Studenten sind hier.	• **Nicht** alle Studenten sind hier.
学生们全来了。	学生们没有全来。
Wir lesen den Text.	• Wir lesen **nicht** den Text, wir lesen die Vokabeln.
我们读课文。	我们不读课文，而读单词。

   c) 当系动词后有表语或者动词后有与其关系密切的成分时，放到该成分之前。

Das Papier ist dick.	• Das Papier ist **nicht** dick.
这张纸厚。	这张纸不厚。
Wir gehen in die Schule.	• Wir gehen **nicht** in die Schule.
我们去上学。	我们不去上学。

   2) 否定词kein

   a) 不定代词kein具有否定的意义，用来否定带不定冠词的名词和不带冠词的名词。它的第一格形式如下：

格	阳性	中性	阴性	复数
第一格	kein Text	kein Buch	keine Schule	keine Texte keine Bücher keine Schulen

   Das ist kein Papier, das ist ein Heft./这不是纸，这是一个练习本。

   Es ist schon 7 Uhr. Aber keine Mitarbeiter gehen nach Hause.

   现在已经7点了。但是没有一个员工回家。

Lektion 6

b) 带有定冠词的名词一般用nicht否定。

— Wer geht heute in die Stadt? Der Student?

谁今天进城？这个大学生吗？

— Nein, nicht der Student, sondern sein Professor.

不，不是这个大学生，而是他的教授。

Übungen

1. 用haben或sein的正确形式填空。

1) Ich _____ 18 und wie alt _____ du?

2) Wir _____ heute keinen Unterricht.

3) — _____ ihr aus Shanghai?

— Nein, wir _____ nicht aus Shanghai, aber Li Gang _____ aus Shanghai.

4) — Wer _____ der Mann da?

— Das _____ Herr Schmidt aus Deutschland.

5) — _____ du heute Zeit? Wir gehen einkaufen.

— Nein.

— Wieso, ihr _____ heute doch keinen Unterricht.

6) — Was _____ Sie von Beruf?

— Ich _____ Techniker.

7) — _____ Sie Kinder?

— Ja, zwei, einen Sohn und eine Tochter.

8) — Was _____ das?

— Das _____ ein Buch.

2. 用所给动词的正确形式填空。

1) Wann _____ der Film? (beginnen)

2) Herr Li, bitte _____ Sie. (lesen)

3) Das Kind _____ morgens um 7 Uhr _____. (aufstehen)

4) — Was _____ Sie hier? _____ Sie? (machen/studieren)
   — Nein. Ich _____ hier. (arbeiten)

5) — _____ sie Anna? (heißen)
   — Nein, ihr Name _____ Helga. (sein)

6) Frau Müller _____ Verkäuferin. Sie _____ halbtags. (sein/arbeiten)

7) Es ist so heiß hier. Er _____ die Tür. (öffnen)

8) — Wo _____ Hans jetzt?
   — Er _____ im Studentenheim. (wohnen)

3. 填入合适的物主代词。

   1) — Sind das _____ Kinder? (Sie)
      — Ja, _____ Sohn Hans und _____ Tochter Nina. (ich)

   2) — Haben Sie Telephon?
      — Ja, _____ Nummer ist 6255 7893.

   3) — Ist das _____ Fahrrad? (du)
      — Nein.
      — Wo ist denn _____ Fahrrad?
      — Dort, im Zimmer.

   4) — Sind Sie schon verheiratet?
      — Ja, das da ist _____ Mann.

   5) — Ist das _____ Falimie? (du)
      — Ja, das sind _____ Schwester Ulli und _____ Auto. (ich, sie)
      — Und wer sind das hier?
      — Das sind _____ Freund Karl und _____ Bruder. (ich, er)

4. 完成下列对话。

   1) — Hallo, Thomas! _____?
      — _____, es geht. Und _____?
      — Auch _____. Danke.

Lektion 6

2) — Guten Tag!

— Guten Tag! Wie _____ Sie bitte?

— Ich _____ Müller. _____?

— Meier.

3) — Das _____ Wolfgang und _____ _____ Karl.

— Hallo, _____.

— _____, Karl.

4) — Woher _____ Sie, Herr Schmidt?

— _____ Berlin.

5) — Ist das ein Kugelschreiber?

— Nein, das _____ _____ Kugelschreiber. Das _____ _____ Lampe.

5. 对划线部分提问。

1) Mein Lehrer kommt <u>aus England</u>.

2) Der Student ist <u>23 Jahre alt</u>.

3) Mein Vater geht heute <u>ins Kino</u>.

4) Herr Fischer ist <u>Techniker</u>.

5) Wir wohnen jetzt <u>im Studentenheim</u>.

6) Die Verkäuferin arbeitet <u>7 Stunden</u> pro Tag.

6. 根据课文意思填空。

1) Herr Schneider und Frau Meier _____ _____ _____ Bahnhof.

Herr Schneider _____ _____ Dresden. Er fährt heute nach _____.

Er _____ auch dort und _____ _____ Siemens.

Frau Meier _____ aus _____. Sie _____ jetzt _____ Hamburg.

2) Herr Müller _____ _____ Düsseldorf. Er ist _____. Er arbeitet _____ Stunden _____ _____. _____ Frau _____ Anna. _____ ist Verkäuferin. _____ arbeitet _____. _____ Sohn geht _____ _____ Schule. Aber _____ Tochter Maria ist _____ 5 und _____ in den _____.

7. 汉译德。

1) 这是我的朋友汉斯，他来自德国。

2) 汉斯早晨几点钟起床？

3) 施密特先生是技术人员，他在西门子工作。

4) 现在我们做练习四。

5) 我现在去汉堡，明天回家。

6) 安娜才四岁，还在上幼儿园。

Morgenstund hat Gold im Mund.
一日之计在于晨。

LEKTION 7

Text A: Wie spät ist es?

Text B: Ein Ausflug

Grammatik:

1. 时间
2. 动词现在时变位 II
3. 情态动词 können, möchten, wollen
4. 可分动词
5. 小品词 Ja, nein, doch

Text A

Wie spät ist es?

1. Wie spät ist es?

A: Entschuldigen Sie bitte, wie spät ist es?

B: Moment mal. Viertel vor drei. —Oh nein, meine Uhr steht.

A: Können Sie mir sagen, wieviel Uhr es ist?

C: Fünf.

A: Was, schon so spät! Ich bin wieder mal zu spät.

2. Am Hauptbahnhof

A: Bitte, wann fährt der Zug nach Frankfurt ab?

B: Um acht Uhr fünfzehn. —Viertel nach acht!

A: Und wann kommt er in Frankfurt an?

B: Halb elf.

A: Wie bitte?

B: Um zehn Uhr dreißig.

A: Danke.

3. Felix telefoniert mit Maria.

Felix: Hallo, Maria! Hier ist Felix.

Maria: Tag, Felix! Was gibt's?

Felix: Hör mal, ich komme morgen zu dir. Die Maschine landet um zwei Uhr.

Maria: Gut, dann hole ich dich da vom Flughafen ab.

Vokabeln

spät *Adj.* 迟的，晚的
Wie spät ist es? 现在几点钟?
der Moment -e 片刻，一会儿
mal *Adv.* 一次
das Viertel - 四分之一
vor + D/A *Präp.* 在……之前
* stehen 站
* können 能够
mir (*Dat.*) 我（ich的第三格）
sagen 说
Wieviel Uhr ist es? 现在几点钟?
so *Adv.* 如此
wieder *Adv.* 再，又
zu + D *Präp.* 向……，往……
wann 何时
der Hauptbahnhof ⸚e 中心火车站

der Vormittag -e 上午
* ab/fahren 出发，开出
Frankfurt 法兰克福
* an/kommen 到达
halb *Adj.* 半
telefonieren 打电话
mit + D *Präp.* 和……
Was gibt's? 有什么事吗?
hören 听
Hör mal! 听着
die Maschine -n 飞机
landen 着陆
dann 然后
der Flughafen ⸚ 飞机场
dich (*Akk.*) 你（du的第四格）
ab/holen + A 接

Lektion 7

Texterläuterungen

1. Wie spät ist es?	现在几点钟了？
Wieviel Uhr ist es?	现在几点钟了？
2. Meine Uhr steht.	我的表停了。
Meine Uhr geht vor.	我的表走快了。
Meine Uhr geht nach.	我的表走慢了。
3. Die Maschine landet um zwei Uhr.	飞机两点钟到达。

Text B

Ein Ausflug

Li Gang und Zhang Ning sind gute Freunde. Sie studieren jetzt zusammen an der Universität Bonn. Li möchte am Wochenende einen Ausflug machen. Er fragt Zhang Ning:

Li Gang: Hallo, Zhang Ning! Was hast du denn am Wochenende vor?

Zhang Ning: Eigentlich nichts. Ich bleibe wahrscheinlich zu Hause und schreibe ein paar Briefe an meine Eltern und Freunde in China. Hast du eine gute Idee?

Li: Ich möchte ins Grüne fahren, vorausgesetzt, dass das Wetter schön wird. Willst du nicht mitkommen?

Zhang: Doch. Lust habe ich schon. Ich bin schon zwei Monate hier, kenne mich aber noch nicht gut aus. Aber die Briefe...

Li: Komm doch mit! Es wird bestimmt sehr interessant für dich, ist ja auch eine gute Chance, das Land kennen zu lernen. Die Briefe kannst du später auch schreiben.

Zhang: Wann fährst du ab?

Li: Morgen gegen 8 hole ich dich ab. Dann fahren wir los. Wir fahren zuerst in die Eifel, dann über Bitburg nach Trier.

Zhang: Wann kommen wir zurück?
Li: Am Abend zwischen 9 und 10. Es kann auch später werden. Das hängt vom Verkehr ab.
Zhang: Das klingt ganz schön. Da komme ich natürlich gerne mit.

Vokabeln

der Ausflug ⸚ e 郊游，短途旅游
   zusammen 一起
   die Universität -en 大学
   * möchten 想要
das Wochenende -n 周末
   fragen + A 提问
   eigentlich *Adv.* 原本，本来
   nichts *Pron.* 一点也没有，什么也没有
   * bleiben 停留，逗留
   wahrscheinlich *Adv.* 可能，大概
   zu Hause 在家
   schreiben 写
   ein paar 几个
der Brief -e 信
die Eltern 父母
   China 中国
die Idee -n 主意，想法
   ins Grüne fahren 去郊外
   vorausgesetzt 以……为前提
   dass *Konj.* 连词，引导从句
das Wetter - 天气
   * werden 变化；成为；将要
   * wollen 愿意，打算
   * mit/kommen 一起去

die Lust 兴趣
   * sich aus/kennen 通晓，熟悉
   bestimmt *Adv.&Adj.* 肯定，一定
   interessant *Adj.* 有趣的，令人感兴趣的
die Chance -n 机会
das Land ⸚ er 国家
   kennen lernen + A 认识
   später 以后
   los/fahren 动身，出发
   gegen + A *Präp.* 接近，临近
   zuerst *Adv.* 起先，最初
die Eifel 艾弗尔山
   über + A/D *Präp.* 经过……
   Bitburg 比特堡
   Trier 特里尔
   * zurück/kommen 返回
   zwischen + A/D *Präp.* 在……之间；到……之间
   ab/hängen + von + D 取决于……
der Verkehr 交通
   klingen 听起来（觉得）
   natürlich *Adj.* 当然
   gern *Adv.* 喜欢，乐意
   * essen 吃

Lektion 7

Texterläuterungen

1. Sie studieren jetzt zusammen an der Universität Bonn.
   他们现在一起在波恩大学学习。
2. Ich möchte ins Grüne fahren, vorausgesetzt, dass das Wetter schön ist.
   如果天气好的话，我想去郊外。
3. Es ist ja auch eine gute Chance, das Land kennen zu lernen.
   这也是一个好机会去认识这个国家。

Shlüsselwörter

1) stehen 站立，竖立；停止，中止

   S + V (+ Lok)

   Vor dem Haus stehen zwei große Bäume./房子的前面立着两棵树。

   Die Studenten stehen in einer Reihe und warten auf ihre Lehrerin.

   学生们站成一列等待他们的老师。

   Der Verkehr steht./交通停滞了。

   Die Maschine steht./机器停下来。

2) an/kommen 抵达，到达

   S + V (+ Lok)

   Er ist gestern zu Hause angekommen./他昨天到家了。

   Wann kommt der Zug in Berlin an?/火车何时抵达柏林？

3) ab/holen 取，拿；接人

   S + V + A

   Wann holst du die Theaterkarten an der Kasse ab?/你什么时候到售票处取剧票？

   Ich hole dich um 2 Uhr vom Bahnhof ab./我两点钟到火车站接你。

4) fragen 问，询问

S + V + A (nach + D)

Herr Professor, darf ich Sie mal fragen?/教授，我可以问您一下吗？

Er fragt mich nach der Zeit./他向我询问时间。

5) schreiben 书写

S + V + A (+ D) / (an + A)

Das Kind lernt schreiben./这个孩子学习写字。

Dieser Autor schreibt jetzt einen Roman./这位作家正在写一部长篇小说。

Er schreibt oft an seine Freundin./他经常给他的女朋友写信。

6) sich aus/kennen 通晓，熟悉

S + V (+ Qual)

In diesem Ort kennt er sich gut aus./他对这个地方很熟悉。

Ich kenne mich in dieser Materie nicht aus./这个题材我不熟悉。

7) klingen 发出声音；听起来（觉得）

S + V (+ Qual)

Die Stimmen klingen durch das ganze Haus./声音在整个房子里回荡。

Die Wand klingt hohl./墙壁发出空洞的声音。

Die Geschichte klingt unglaublich./这个故事听起来难以置信。

Lektion 7

Grammatik

1. 时间 (Die Zeit)

    1) 钟点

    Wie spät ist es? Es ist ...
    Wieviel Uhr ist es? Es ist...
    Um wieviel Uhr ...? Um ...
    Wann ... Um...

	日常表达	正式表达
1.00	eins	ein Uhr
13.00		dreizehn Uhr
4.00	vier	vier Uhr
16.00		sechzehn Uhr
4.05	fünf nach vier	vier Uhr
16.05		sechzehn Uhr fünf
4.15	Viertel nach vier	vier Uhr
16.15	fünfzehn nach vier	zehnsechzehn Uhr fünfzehn
4.24	sechs vor halb fünf	vier Uhr vierundzwanzig
16.24	vierundzwanzig nach vier	sechzehn Uhr vierundzwanzig
4.30	halb fünf	vier Uhr dreißig
16.30		sechzehn Uhr dreißig
4.35	fünf nach halb fünf	vier Uhr fünfunddreißig
16.35	fünfundzwanzig vor fünf	sechzehn Uhr fünfunddreißig
4.45	Viertel vor fünf	vier Uhr fünfundvierzig
16.45	fünfzehn vor fünf	sechzehn Uhr fünfundvierzig
4.55	fünf vor fünf	vier Uhr fünfundfünfzig
16.55		sechzehn Uhr fünfundfünfzig

2) Tageszeiten und Wochentagen

der Morgen	am Morgen	heute Morgen = heute früh
	morgens	但是：**morgen früh**
der Vormittag	am Vormittag	heute Vormittag
	vormittags	morgen Vormittag
der Mittag	am Mittag	heute Mittag
	mittags	morgen Mittag
der Nachmittag	am Nachmittag	heute Nachmittag
	nachmittags	morgen Nachmittag
der Abend	am Abend	heute Abend
	abends	morgen Abend
die Nacht	**in der Nacht**	heute Nacht
	nachts	morgen Nacht

die Wochentage:

der Montag	am Montag
	montags
der Dienstag	am Dienstag
	dienstags
der Mittwoch	am Mittwoch
	mittwochs
der Donnerstag	am Donnerstag
	donnerstags
der Freitag	am Freitag
	freitags
der Samstag	am Samstag/ Sonnabend
(Sonnabend)	samstags/ sonnabends
der Sonntag	am Sonntag
	sonntags

Lektion 7

说明：a) am Morgen, am Montag...等通常表示一次性时间。

b) morgens, montags...大多表示多次重复，但与钟点连用时，则表示一次性时间。

如： Mein Freund kommt am Mittwoch um 5 Uhr morgens an.

试比较：

— Hast du am Montag Zeit?

— Ja, aber nur am Vormittag. Am Nachmittag fahre ich nach Hause.

— Hast du montags Zeit?

— Ja, aber nur vormittags. Nachmittags habe ich **immer**(总是，一直) Arbeit.

2. 动词现在时变位 II (Konjugation im Präsens II)

1) 一部分词干元音为e的动词，构成第二、第三人称单数现在时要换音，即e换成i或者ie，如sprechen, lesen, nehmen, essen, werden。

人称代词	现在时变位				
	sprechen	lesen	nehmen	essen	werden
ich	spreche	lese	nehme	esse	werde
du	sprichst	liest	nimmst	isst	wirst
er/sie/es	spricht	liest	nimmt	isst	wird
wir	sprechen	lesen	nehmen	essen	werden
ihr	sprecht	lest	nehmt	esst	werdet
sie	sprechen	lesen	nehmen	essen	werden
Sie	sprechen	lesen	nehmen	essen	werden

例：

Was liest du denn da?/你在读什么？

Herr Li isst heute im Restaurant./李先生今天在饭店吃饭。

Es wird bestimmt interessant für dich./你肯定会觉得有趣。

2) 一部分词干元音为a和au的动词，构成第二、第三人称单数现在时要变音，即a变为ä，au变为äu，如发fahren, laufen, verlassen, schlafen。

人称代词	现在时变位			
	fahren	schlafen	laufen	verlassen
ich	fahre	schlafe	laufe	verlasse
du	fährst	schläfst	läufst	verlässt
er/sie/es	fährt	schläft	läuft	verlässt
wir	fahren	schlafen	laufen	verlassen
ihr	fahrt	schlaft	lauft	verlasst
sie	fahren	schlafen	laufen	verlassen
Sie	fahren	schlafen	laufen	verlassen

例：

Wann fährt der Zug nach Bremen?/开往不来梅的火车什么时候出发？

Sei bitte leise! Das Kind schläft./小声点儿！孩子睡了。

Er ist Sportler. Er läuft sehr schnell./他是运动员。他跑得很快。

3. 情态动词 können, möchten, wollen (können, möchten, wollen)

1) 情态动词können, möchten, wollen的人称变位形式

人称代词	现在时变位		
	können	möchten	wollen
ich	kann	möchte	will
du	kannst	möchtest	willst
er/sie/es	kann	möchte	will
wir	können	möchten	wollen
ihr	könnt	möchtet	wollt
sie	können	möchten	wollen
Sie	können	möchten	wollen

2) 情态动词的用法

   a) 做助动词

      Möchtest du einen Kaffee **trinken?**

      Können Sie mir **sagen,** wieviel Uhr es ist?

b) 作为独立动词，后面加第四格宾语或方向补足语。

Möchtest	du	**einen Kaffee?**
Li Gang	will	**nach Hause.**

können

表示能力　　　　　Kannst du fahren?/你会开车吗？

表示可能性　　　　Kann man hier Kaffee kaufen?/这里能买到咖啡吗？

表示许可　　　　　Du kannst mein Auto nehmen./你可以用我的车。

möchten

表示愿望、计划或意图

Ich möchte bitte einen Kaffee./我想来一杯咖啡。

Er möchte einen Ausflug machen./他想去郊游。

wollen

表示较强烈的计划或意图

Monika will nach China./莫尼卡想去中国。

Wir wollen ein Auto kaufen./我们想买一辆车。

4. **可分动词** (Trennbare Verben)

可分动词由可分前缀和根动词构成，词的重音在可分前缀上。

	可分前缀	+	根动词
auf/stehen	auf	+	stehen
mit/kommen	mit	+	kommen
vor/haben	vor	+	haben
ab/holen	ab	+	holen

可分动词的前缀在陈述句、命令式和疑问句中位于句末。

Herr Müller	**steht**	morgens um 6 Uhr 30	**auf.**
Wann	**fährst**	du	**ab?**
Was	**hast**	du morgen	**vor?**
Ich	**hole**	dich	**ab?**

可分动词和情态动词连用时，前缀和根动词连写，位于句末。

Willst du nicht **mitkommen?**
Li Gang **möchte** das Land **kennen lernen**

5. 小品词 Ja, nein, doch (Ja, nein, doch)

—Kommst du aus Deutschland? —Ja, aus Hamburg.
　　　　　　　　　　　　　　　—Nein. Ich bin aus England.

—Kommst du nicht aus Deuschland? —Doch, aus Hamburg.
　　　　　　　　　　　　　　　　　—Nein. Ich bin aus England.

对一般疑问句进行肯定或否定回答时，用ja或nein；但如果疑问句中带有nicht或kein时，则用doch或nein。

Übungen

1. 用所给动词的正确形式填空。

   1) Wir _____ Deutsch, Felix _____ Englisch. (sprechen)

   2) — Wie _____ es Ihnen?

   　　— Danke, es _____. (gehen)

   3) — Was _____ du?

   　　— Ich _____ Physiker. (werden)

   4) — Wie _____ Herr Müller nach Hause? (gehen)

   　　— Er _____ das Taxi. (nehmen)

   5) — Peter, _____ du auch Lehrer? (sein)

   　　— Nein, ich _____ noch. Aber in 2 Jahren _____ ich Lehrer. (studieren, werden)

   6) — Hallo Thomas! Was _____ du da? (machen)

   　　— Ich _____ eine Zeitung (报纸). (lesen)

   7) — Wo _____ du? (arbeiten)

   　　— Bei Siemens. Ich _____ Techniker. (sein)

   8) — Wie _____ das da auf Deutsch.(heißen)

   　　— Heft.

Lektion 7

2. 用所给动词的正确形式填空。

1) — Wann _____ du deine Eltern?
   — Um 2 Uhr _____ ich meine Eltern. (verlassen)

2) — Was _____ du morgen _____. (vor/haben)
   — Ich _____ einen Brief. (schreiben)

3) — Kann ich Sie mal _____?
   — Ja, bitte _____ Sie! (fragen)

4) — Wann _____ Herr Meier nach Hamburg?
   — Er _____ jetzt schon nach Hause.(fahren)

5) — Wann _____ der Zug aus Köln _____? (an/kommen)
   — Um sieben. Wir _____ noch 20 Minuten _____. (müssen, warten)

6) — Was _____ ihr denn da? (lesen)
   — Einen Brief.
   — Ruhe bitte. Das Kind _____. (schlafen)

3. 填入情态动词können, möchten或wollen的正确形式。

1) — Brauchst du heute Abend dein Auto?
   — Nein, du _____ es nehmen.

2) — _____ man hier Tee kaufen?
   — Nein. Hier gibt es keinen Tee.

3) — Was _____ Sie trinken (喝), Kaffee oder Tee?
   — Kaffee bitte.

4) — Was hast du am Wochenende vor?
   — Ich _____ nach München.

5) — So, wir sind fertig. Sie _____ nach Hause gehen.
   — Vielen Dank! Aber ich _____ noch weiter arbeiten.

6) — _____ du mir sagen, wie spät es ist?
   — Viertel vor drei.

7) Wir machen morgen einen Ausflug. _____ du mitkommen?

4. 选词填空。

ab/hängen   an/kommen   werden   klingen   kennen lernen
sich aus/kennen   machen   sein   werden   studieren
stehen   mit/kommen   ab/fahren

1) Der Zug _____ in zehn Minuten in Beijing _____.

2) Li _____ jetzt Physik. Er _____ Physiker.

3) Die Techniker _____ in Reihe und warten auf ihren Chef (老板).

4) Die Fahrzeit _____ vom Verkehr _____.

5) Herr Schmidt _____ erst 2 Monate hier in Beijing. Er _____ sich noch nicht gut _____.

6) Wir möchen morgen einen Ausflug _____ und das Land _____.

7) Wir _____ gegen 8 Uhr _____.

8) Es _____ schön. Ich _____ gerne _____.

5. 完成下列对话。

1) — Was _____ das?
   — Das _____ eine Lampe.

2) — Wie _____ das da auf Deutsch?
   — Buch.

3) — _____ _____ ist es jetzt?
   — Drei Viertel nach fünf.

4) — _____ Uhr ist es?
   — Halb vier.
   — Noch so früh?
   — Oh nein. Meine Uhr _____ _____.

5) — Wir fahren _____ Grüne. Kommst du _____?
   — Nein, schade.
   — Wieso, du _____ heute doch keinen Unterricht.
   — _____ . Aber ich will _____ Hause bleiben.
   — Hast du keine Lust?
   — _____ schon. Aber ich muss arbeiten.

Lektion 7

6. 根据课文意思填空。

1) Felix _____ morgen zu Maria. Er _____ jetzt _____ Maria. Er sagt, die _____ _____ um _____ Uhr. Maria _____ da Felix vom Flughafen _____.

2) Li Gang _____ Zhang Ming _____ gute _____. Sie _____ jetzt an der _____ Bonn. Li _____ am _____ einen _____ machen. Zhang hat da _____ vor. _____ bleibt er _____ _____ und _____ ein _____ Briefe _____ _____ Eltern und _____ in China.

3) Zhang Ming _____ schon _____ Monate hier in _____. Aber er _____ sich noch nicht gut _____. Li Gang meint (认为), das _____ eine gute _____, das Land kennenzulernen. Es _____ auch bestimmt sehr _____. So will Zhang auch _____.

4) Sie _____ gegen _____ _____, zuerst _____ _____ Eifel, dann _____ Bitburg direkt _____ Trier. _____ 9 und 10 _____ sie zurück.

7. 汉译德。

1) 我们明天9点钟出发。
2) 现在已经8点半了。课程8点钟开始，我又迟到了。
3) 我的表停了。您可以告诉我现在几点钟了吗？
4) 我是大学生，在慕尼黑大学学习。
5) 我们明天没课，想去郊游。
6) 这个故事听起来非常有趣。

Gut begonnen ist halb gewonnen.
良好的开端是成功的一半。

LEKTION 8

Text A: Haben Sie ein Hobby?

Text B: Reisen—ein besonderes Hobby der Deutschen

Grammatik:

1. 副词性数词和时间副词
2. 第四格
3. 支配第四格的介词
4. 情态动词 dürfen, müssen
5. 正语序和反语序

Text A

Haben Sie ein Hobby?

Herr Meier macht eine Umfrage über die Freizeitbeschäftigungen. Er fragt die Passanten:

Herr Meier:	Entschuldigung! Darf ich Sie mal kurz stören?
Passant 1:	Ja. Bitte?
Herr Meier:	Haben Sie ein Hobby?
Passant 1:	Ein Hobby? Aber selbstverständlich!
Herr Meier:	Welches denn?
Passant 1:	Ich spiele gern Fußball.

Lektion 8

Herr Meier:	Wie oft gehen Sie Fußball spielen?
Passant 1:	Nicht sehr oft. So einmal in der Woche.
Herr Meier:	Wie finden Sie dann FIFA WM 2006?
Passant 1:	Herrlich! Deutschland feiert mit der ganzen Welt das große Fest.

...

Herr Meier fragt weiter.

Herr Meier:	Verzeihung! Darf ich mal fragen, was Sie von Beruf sind?
Passant 2:	Ich bin Lehrerin.
Herr Meier:	Haben Sie ein Hobby?
Passant 2:	Wie bitte? Es ist zu laut hier.
Herr Meier:	**Was machen Sie in der Freizeit?**
Passant 2:	In der Freizeit? Eh, ich höre gerne Musik. Am Abend gehe ich oft ins Konzert. Aber manchmal bin ich nach der Arbeit zu müde. Da möchte ich nur zu Hause bleiben und klassische Musik hören. Ich begeistere mich für Beethoven und Brahms.

Vokabeln

das Hobby -s 爱好，嗜好
die Umfrage -n 调查
die Freizeitbeschäftigung -en 业余活动
der Passant -en 路人，过路人
　　* dürfen 允许
　　kurz Adj. 短的
　　stören 打扰
　　selbstverständlich Adv. 理所当然地
　　welcher(welche/welches) 哪一个，哪一种
　　spielen 玩；弹奏（乐器）

der Fußball ⸚ e 足球
oft Adv. 经常，时常
wie oft 多久一次
einmal 一次
die Woche -n 星期
　　* finden 找到，认为……怎么样
FIFA WM 2006 2006年世界杯足球赛
herrlich Adj. 美妙的，精彩的
feiern 庆祝，庆贺
die Welt 世界
groß Adj. 大的，巨大的

das Fest -e 节日
   weiter *Adv.* 继续
   Verzeihung 对不起，劳驾
der Beruf -e 职业，工作
   von Beruf 从事……工作
der Lehrer - 老师，教师
   laut *Adj.* 声响巨大的，吵闹的
die Freizeit 业余时间

die Musik 音乐
das Konzert -e 音乐会
manchmal *Adv.* 有时，偶尔
müde *Adj.* 劳累的，疲倦的
nur *Adv.* 只，仅仅
klassisch *Adj.* 古典的，经典的
sich begeistern für+ A 兴奋，对……感兴趣

Texterläuterungen

1. Darf ich Sie kurz stören?　　我可以稍微打扰您一下吗？
2. ins Konzert gehen　　去听音乐会
   ins Theater gehen　　去看戏
   ins Kino gehen　　去看电影

Text B

Reisen—ein besonderes Hobby der Deutschen

Viele Deutsche haben am Samstag und Sonntag frei und müssen nicht arbeiten. Da machen sie entweder einen Ausflug oder bleiben zu Hause. Manche Deutsche möchten ausschlafen, fernsehen, lesen oder spazierengehen. Auch der Sport spielt eine Rolle: Nicht alle sind aktiv, viele schauen nur zu. Gaststätten, Bier- und Weinlokale, wie auch Museen, Kinos und Theater sind gut besucht. Aber die Haupturlaubszeit ist der Sommer. Die meisten Deutschen gehen in dieser Zeit auf Reise.

Lektion 8

Reisen ist neben dem Auto das liebste Hobby der Deutschen. Hauptreiseziele: Österreich, Italien und Spanien, aber auch Griechenland, Frankreich und Dänemark. Besonders beliebt ist derzeit das Urlaubsziel Dubai. Viele junge Leute, insbesondere Studenten, lernen beim Reisen die Welt kennen und sammeln Erfahrungen zum Leben.

Vokabeln

reisen 旅行，旅游
der Deutsche -n 德国（男）人
   liebst *Adj.* 最喜爱的
   viel *Pron./Num.* 很多
der Samstag -e 星期六
der Sonntag -e 星期日
   frei *Adj.* 空闲的；自由的
   frei haben 有空
   * müssen 必须
   entweder...oder... 或者……，或者……
   manch *Pron.* 有的，有些
   * aus/schlafen 睡足，赖床
   * fern/sehen 看电视
   * spazieren gehen 散步
der Sport 体育
die Rolle -n 角色
   alle *Pron./Num.* 所有的
   aktiv *Adj.* 主动的，积极的
   zu/schauen + A 观看
die Gaststätte -n 酒馆，旅馆
das Bier -e 啤酒
der Wein -e 葡萄酒
das Lokal -e 小酒馆

das Museum -seen 博物馆
das Kino -s 电影院
das Theater - 剧院
   besuchen + A 参观
die Haupturlaubszeit 度假旺季
der Sommer 夏季
   meist 大多数
   neben + D *Präp.* 除……之外
das Ziel -e 目标，目的
Österreich 奥地利
Italien 意大利
Spanien 西班牙
Griechenland 希腊
Frankreich 法国
Dänemark 丹麦
   besonders *Adv.* 尤其地
   beliebt + bei + D *Adj.* 喜爱的，受欢迎的
   derzeit *Adv.* 这期间
Dubai 迪拜
   jung *Adj.* 年轻的
die Leute 人们
   insbesondere *Adv.* 尤其地

der Student -en （大）学生
  lernen 学习
  bei + D *Präp.* 在……期间
  sammeln 收集

die Erfahrung -en 经验
das Leben 生活，生命
  sofort *Adv.* 立刻，马上
  dringend *Adj.* 紧急的，急迫的

Texterläuterungen

1. Auch der Sport spielt eine Rolle.
   运动也很重要。
2. Reisen ist neben dem Auto das liebste Hobby der Deutschen.
   旅行是除汽车之外最受德国人喜爱的一项业余爱好。

Schlüsselwörter

1) spielen 玩，玩耍；演奏某种乐器

S + V + A

Kannst du Karten spielen?/你会玩扑克牌吗？
Die Studenten spielen gern Fußball./学生们喜欢踢足球。
Auf dem Konzert spielt man Gittare./有人在音乐会上弹吉他。
Er spielt gut Klavier./他钢琴弹得不错。

2) finden + A 找到

S + V + A

Ich kann meine Eintrittskarte nicht finden./我找不到我的入场券了。
Sie findet den Mann fürs Leben./她找到了可以托付终生的男人。

S + V + A + *Adj.*/ Qual. 觉得，认为

Ich finde unseren Nachbarn sehr nett./我觉得我们的邻居人很好。
Das finde ich zum Lachen./这个我觉得可笑。

Lektion 8

3) feiern　庆祝，庆贺

S + V + A

Wie feiert man seinen Geburtstag in Deutschland?/在德国人们怎么过生日？
In China feiert man das Frühlingsfest./中国人过春节。

4) sich begeistern für + A　对……感兴趣

Sie kann sich nie für Mathematik begeistern./她对数学从来都不感兴趣。
Sie begeistern sich sehr für das Spiel./他们对于这场比赛很感兴趣。

S + V + A　使……振奋，鼓励

Der Sieg begeistert alle./胜利使所有人振奋。
Der Lehrer begeistert die Studenten durch seinen Vortrag.
老师的报告使学生们大为振奋。

5) besuchen　参观；拜访，看望

S + V + A

Am Sonntag besuchen wir das Museum./我们星期日参观博物馆。
Der Zoo ist am Wochenende gut besucht./动物园周末游人很多。
In den Ferien besucht er seine Großmutter./他放假去看了外婆。
Der Arzt besucht seine Patienten./医生去探望他的病人。

6) aus/schlafen　睡足

S + V

Morgen früh sollst du mich nicht wecken, da will ich endlich einmal ausschlafen.
明早你不用叫我起床了，我想多睡会儿。

schlafen　睡眠

S + V

Sei ruhig, das Kind schläft./安静点，孩子在睡觉呢。

ein/schlafen 入睡

S + V

Um wieviel Uhr bist du gestern eingeschlafen?/你昨天几点睡着的？

7) lesen 阅读

S + V + A

Er liest jeden Abend nach dem Essen die Zeitung./他每天晚饭后都看看报纸。

Nach drei Monaten Schule kann er schon lesen./他上了三个月学就会看书了。

8) sammeln 收集

S + V + A

In der Freizeit sammle ich gern Briefmarken./我在业余时间喜欢集邮。

Auf einer Studienreise kann man Informationen zum Ausland sammeln.
学生们在考察旅行期间可以收集一些外国的信息。

Grammatik

1. 副词性数词和时间副词 (Zahlenadverbien und Temporale Abverbien)

   1) 副词性数词

erstens	einmal	einfach
zweitens	zweimal	zweifach
drittens	dreimal	dreifach
viertens	viermal	vierfach
fünftens	fünfmal	fünffach
sechstens	sechsmal	sechsfach
siebtens	siebenmal	siebenfach
...	...	...

其他表示次数和倍数的副词还有：einigemal, manchmal, mehrmals, niemals, oftmals；mehrfach, vielfach等。

例：

Ich möchte nicht mehr Ski fahren. **Erstens** kann ich es nicht gut und **zweitens** ist es zu teuer./我不想再去溜冰了。第一我溜得不好，第二花费太高。

— Wie oft gehen Sie Fußball spielen?/您每隔多久去踢足球？

— Nicht sehr oft. So einmal in der Woche./不太经常。大约一周一次。

Ich brauche den Brief in dreifacher Kopie./这封信我需要三份复印件。

2) 时间副词

immer 总是，一直

jedesmal 每次

meistens 经常

oft/ häufig 常常

öfters 常常

manchmal/ ab und zu 有时，偶尔

selten 很少

nie/ niemals 从未，从来没有

2. 第四格 (Akkusativ)

1) 定冠词、不定冠词、物主代词及名词的第一格和第四格比较

	阳性	中性	阴性	复数
第一格	der Brief	das Kind	die Frau	die Briefe
	ein Brief	ein Kind	eine Frau	keine Frauen
	kein Brief	kein Kind	keine Frau	meine Kinder
	mein Brief	mein Kind	meine Frau	
第四格	den Brief	das Kind	die Frau	die Briefe
	einen Brief	ein Kind	eine Frau	keine Frauen
	keinen Brief	kein Kind	keine Frau	meine Kinder
	meinen Brief	mein Kind	meine Frau	

说明：a) 中性名词、阴性名词和复数名词的第一格和第四格相同。

b) 弱变化阳性名词单数由第一格变为第四格时，除冠词或物主代词发生相应变化之外，名词词尾加-en或-n。

例：　　　第一格　　　　　　第四格

　　　　　der Name　　　　　den Namen

　　　　　der Herr　　　　　 den Herrn

　　　　　der Student　　　　den Studenten

2) 人称代词的第四格

第一格	ich	du	er	sie	es	wir	ihr	sie/Sie
第四格	mich	dich	ihn	sie	es	uns	euch	sie/Sie

说明：尊称第二人称Sie的单复数及相应变格的第一个字母永远要大写。

3) 第四格的用法

第四格在句子中通常做动词或介词的宾语。

Sie haben zwei Kinder, einen Sohn und eine Tochter.

他们有两个孩子，一个儿子、一个女儿。

Ich habe heute keine Zeit. Ich muss arbeiten./我今天没有时间。我得工作。

Li Gang macht morgen einen Ausflug./李刚明天去郊游。

Maria ist erst 5 und geht noch in den Kindergarten./玛丽亚才五岁，还在上幼儿园。

Das ist sehr interessant für mich./这对我来说非常有趣。

Sie gehen durch die Stadt./他们穿过这座城市。

4) wer 和was的第四格

　　　　第一格　　　　第四格

　　　　　wer　　→　　wen

　　　　　was　　→　　was

—Wen besuchst du heute Abend?/你今天晚上去拜访谁？

—Meinen Lehrer./我的老师。

—Was macht ihr am Wochenende?/你们周末干什么？

—Wir machen einen Ausflug./我们去郊游。

Lektion 8

3. 支配第四格的介词 (Präpositionen mit dem Akkusativ)

   1) **bis**: bis wann? bis wohin?

   Bis bald!/回见！

   Bis morgen!/明天见！

   Der Zug fährt nicht bis Kopenhagen, sondern nur bis Hamburg.
   火车并不到达哥本哈根，而是只到汉堡。

   2) **durch**: wohin? wie?

   Er macht in zwei Wochen eine Reise durch Deutschland.
   两个星期后他去德国旅行。

   Durch Übungen lernt man eine Sprache./人们通过练习学习一门语言。

   3) **für**: für wen? wofür?

   Das ist für mich sehr interessant./这对我来说非常有趣。

   Ich kaufe ein Geschenk für meine Mutter./我给我的母亲买了一件礼物。

   Vielen Dank für die Einladung!/感谢您的邀请！

   für immer/永远

   für ewig/永远

   4) **gegen**: gegen wen? wogegen? wann etwa?

   Das ist eine Demonstration gegen die Regierung./这是一次反对政府的游行。

   Gegen Abend kommen wir zurück./我们傍晚回来。

   5) **ohne**: ohne wen? ohen was?

   Er kommt allein, ohne seine Frau./他独自来了，没带夫人。

   ——Was trinken Sie?/您喝点什么？

   ——Kaffee, ohne Milch und Zucker./咖啡，不加奶和糖。

   6) **um**: wann? wo? worum?

   Um 7 Uhr beginnt der Unterricht./7点钟开始上课。

   Wir gehen einmal um den See herum./我们绕湖走了一圈。

说明：a) 对于介词宾语的提问，倘若宾语是人，则用介词＋疑问词

　　　　Für wen ist das wichtig?/这对谁是重要的？

　　　　倘若是物或概念，则用

　　　　wo＋(r)＋介词 wofür, wogegen, wodurch, worum

　　　b) durchs Haus = durch das Haus

　　　　fürs Kind   = für das Kind

　　　　ums Haus   = um das Haus

4. **情态动词** dürfen, müssen (dürfen, müssen)

1) 情态动词dürfen, müssen对人称的变位形式：

人称代词	现在时变位	
	dürfen	müssen
ich	darf	muss
du	darfst	musst
er/sie/es	darf	muss
wir	dürfen	müssen
ihr	dürft	müsst
sie	dürfen	müssen
Sie	dürfen	müssen

2) 情态动词的用法

情态动词dürfen, müssen 和 können, wollen一样，既可以做助动词和动词连用，也可以作为独立动词使用。例：

Darf	ich	jetzt nach Hause	**gehen**?
Sie	**müssen**	noch das	**machen**?
Darf	ich	jetzt **nach Hause**?	
Muss	ich	**das** wirklich (真正，确实)?	

dürfen

表示许可或禁止　　Man darf hier rauchen.　　这里可以抽烟。

　　　　　　　　Man darf hier nicht parken.　　这里严禁停车。

表示礼貌的提问　　Darf ich Sie mal fragen?　　我可以问您一下吗？

　　　　　　　　Darf ich Ihnen helfen?　　需要我帮忙吗？

Lektion 8

müssen

表示义务或命令

Doktor Schmidt sagt, ich muss noch zu Hause bleiben. 医生说，我必须待在家里。
Herr Wang muss heute arbeiten. 王先生今天必须工作。

5. **正语序和反语序** (Satzordnung)

德语句子按照表达方式可分为陈述句、疑问句、祈使句和感叹句；按照语序可分为正语序和反语序。

1) 正语序：主语位于第一位，谓语居第二位。

句子种类	1	2	3	...
	主	谓	其他	...
陈述句	Er	kommt	aus Deutschland.	...
特殊疑问句 (对主语提问)	Wer	spricht	Deutsch?	

2) 反语序有两种形式

句子以其他成分开头，谓语居第二位，主语居第三位；或者句子以谓语开头，主语居第二位。

句子种类	1	2	3	
	其他	谓	主	其他
陈述句 特殊疑问句	Heute	haben	wir	keine Zeit.
	Hier	ist	kein Platz	frei.
	Wo	wohnen	sie?	
	谓	主	其他	...
一般疑问句 祈使句	Ist	das	dei Buch?	
	Haben	Sie	Kinder?	
	Kommen	Sie	doch	mit!

Übungen

1. 填入合适的代词。

   1) _____ fragt der Lehrer? Fragt er mich?

   2) —Brauchst du das Fahrrad?

      —Nein, ich brauche _____ nicht.

   3) Er ist Deutsche. Ich verstehe _____ nicht. Und ich bin Chinese. Er versteht _____ auch nicht.

   4) Das ist falsch (错误的)! Wir sind gegen _____ (du)!

   5) Wo ist mein Mantel? Ich kann _____ nicht finden!

   6) Sind Sie morgen zu Hause? Ich möchte _____ besuchen.

   7) Du und die Kinder, _____ seid meine wichtige Familie. Ohne _____ ist das Leben nicht mehr schön.

   8) Bald hat meine Mutter Geburtstag (生日). Ich möchte ein Geschenk für _____ kaufen.

2. 填入合适的冠词或者物主代词。

   1) Fährt der Bus zu _____ Supermarkt?

   2) —Geben Sie mir bitte _____ Telefonnummer!

      —Ich habe leider _____ Telefonnummer.

   3) Morgens trinkt Andrea zuerst _____ Kaffee. Dann weckt (叫醒) sie _____ Mann und _____ Kinder. Dann bereitet sie _____ Deutschunterricht vor (vor/bereiten 准备). Nachmittags besuchen Andrea, Lena und Jakob _____ Nachbarn.

   4) Ich arbeite jeden Tag sehr viel. Denn für _____ Familie brauche ich viel Geld.

   5) Ohne _____ Kind macht Tanja nie Urlaub.

   6) Die Studenten haben heute _____ Unterricht. Sie gehen auf _____ Straße und machen _____ Demonstration gegen die Regierung.

Lektion 8

3. 填入合适的定冠词或不定冠词，不必要的地方可不填。

1) Ich habe _____ Freundin. _____ Freundin besucht _____ Freund. _____ Freund hat zwei Kinder, _____ Sohn und _____ Tochter. _____ Sohn öffnet _____ Fenster. _____ Tochter macht _____ Hausaufgaben und schreibt _____ Text. _____ Sohn macht _____ Übungen und bildet _____ Satz.

2) —Hat Ingrid _____ Geschwister?
   —Ja, _____ Bruder und _____ Schwester. Ihr Bruder ist _____ Lehrer von Beruf. Ihre Schwester studiert _____ Physik.

3) —Was nehme ich?
   —Bitte bringen Sie _____ Wasser, _____ Kaffee und _____ Flasche Cola.

4) _____ Shanghai ist _____ Stadt in China. Beijing ist _____ Hauptstadt (首都) von China.

5) —Ich brauche _____ Auto.
   —Hast du denn _____ Geld?

6) Das ist _____ Herr Hartmann. Er ist _____ Professor und seine Frau ist _____ Ärztin. Sie leben in Müchen.

4. 填入合适的副词性数词和时间副词。

1) Ich kann morgen leider nicht zusammen mit dir auf den Markt gehen. _____ habe ich schon was vor und _____ habe ich kein Geld.

2) —Wie _____ gehen Sie Basketball spielen?
   —_____. Ich kann Basketball überhaupt nicht.

3) —Kennst du denn den Mann dort?
   —Herr Meier? Ja, Ich spreche mit ihm _____ auf einer Party.

4) Sie ist so nett. Wenn ich Schwierigkeit (困难) habe, ist sie _____ bei mir.

5) Er geht _____ in die Schule. Er hat das Lernen nicht gern.

5. 用dürfen或müssen的正确形式填空。

   1) Der Doktor sagt, ich _____ noch nicht ausgehen.

   2) _____ ich das Buch mal an schauen?

   3) — _____ ich Sie ins Kino einladen?

   —Leider kann ich nicht gehen.

   4) Heute _____ ich noch arbeiten.

   5) Man _____ hier nicht parken.

   6) Kinder _____ kein Feuer spielen.

   7) Um diese Zeit _____ die Kinder nicht zum Spielen draußen. Es ist zu viel Verkehr.

   8) Der Brief _____ sofort zur Post. Es ist sehr dringend.

6. 介词填空。

   1) Das Zimmer ist _____ unseren Deutschlehrer.

   2) Junge Leute _____ 18 Jahre dürfen nicht Auto fahren.

   3) _____ Übungen lernt man fremdliche Sprachen.

   4) —Wie schickt man einen Brief?

   — _____ die Post.

   5) _____ Geld kann man nicht kaufen.

   6) _____ seinen Bruder ist er sehr klein.

   7) Das Spiel beginnt _____ 19 Uhr.

   8) —Fährst du morgen _____ den Urlaub?

   —Nein, ich bleibe _____ Hause und schreibe eine E-Mail _____ meinen Freund.

7. 用下列单词造句。

   1) in, die Freizeit, ich, Musik hören, möchten

   2) manchmal, wir, keine Arbeit, haben, ein Ausflug machen, möchten

   3) er, aus China, nicht, sondern, aus Japan, kommen

   4) mein Bruder, ich, und, oft, Fußball, an, der Samstag, spielen

   5) zwei Wochen, in, mein Freund, zu, ich, kommen, dann, meine Eltern, zusammen, besuchen

Lektion 8

6) wie, du, der Film, finden

7) wann, Vormittag, morgen, der Zug, nach Bonn, abfahren

8) der Samstag, an, wir, 10 Uhr, bis, schlafen, wollen

8. 汉译德。

1) 你是做什么工作的？业余的时候喜欢做些什么呢？

2) 他喜欢踢足球，觉得2006年世界杯棒极了。

3) 德国有些什么样的节日呢？在中国，每年人们欢庆春节。

4) Michael想去中国旅游。

5) ——周日有什么打算？

——我想出去看电影，你呢？

——我可能去散会儿步，再去超市买点东西。

6) 他对学习毫无兴趣，从来都不做作业。

Übung macht den Meister.

熟能生巧。

LEKTION 9

Text A: Einkaufen

Text B: Besuch bei einer deutschen Familie

Grammatik:

1. 货币、度量衡
2. 第三格
3. 支配第三格的介词
4. 支配第三格或第四格的介词
5. 情态动词sollen, mögen

Text A

Einkaufen

1. Auf dem Markt

Herr Müller möchte etwas Obst kaufen und geht zum Markt.

Verkäufer: Sie wünschen?

Müller: Ich hätte gern etwas Obst. Was kosten die Äpfel?

Verkäufer: 75 Cent das Kilo.

Müller: Zwei Kilo. Und die Orangen?

Verkäufer: Die sind zurzeit ein bisschen teuer. 1.50 Euro das Kilo.

Müller: Mensch! Wieviel kosten denn die Bananen?

Verkäufer: 80 Cent das Kilo.

Müller: Dann nehme ich noch ein Kilo Bananen.

Lektion 9

Verkäufer: Sonst noch was?
Müller: Nein, das ist alles.
Verkäufer: Also, zwei Kilo Äpfel, ein Kilo Bananen. Das macht zusammen 2.30 Euro.
Müller: Hier bitte.
Verkäufer: Danke.

2. Im Kaufhaus

Li Gang möchte einen Mantel kaufen. Er geht mit Zhang Ning zum Kaufhaus

Li: Schau mal, dieser Mantel da! Wie findest du ihn?
Zhang: Die Farbe ist zu dunkel. Aber guck mal dieser hier. Der ist schick.
Li: Meinst du? Aber ich finde, er ist zu bunt.
Zhang: Wie wär's dann mit diesem hier? Er ist weder zu dunkel noch zu bunt. Er passt auch zu deiner Hose.
Li: Dann probiere ich mal.
Zhang: In Ordnung. Er steht dir sehr gut.
Li: Er gefällt mir auch sehr. Den nehme ich.

Vokabeln

ein/kaufen 采购，购物
auf + D/A *Präp.* 在……上，到……上面去
der Markt ⸺ e 市场
etwas *Pron.* 一些，一点儿
das Obst 水果
kaufen 买，购买
wünschen 希望，愿望，要求
Sie wünschen? 您想买点什么？（售货员用语）
kosten 价值，价格为

der Apfel ⸺ 苹果
das Kilo 公斤，千克
mich (*Akk.*) 我（ich的第四格）
die Orange -n （甜）橙
zurzeit *Adv.* 现在，目前
ein bisschen 一些，一点儿
teuer *Adj.* 昂贵的
der Mensch -en 人，人类
Oh Mensch! 天哪！（表惊奇）
die Banane -n 香蕉
sonst *Adv.* 此外，另外

was 一些，什么
Sonst noch was? 还要些什么？
Alles *Pron.* 全部，一切
das Kaufhaus ⸚ er （大型的）百货商店，百货公司
der Mantel ⸚ 大衣，外套
an/schauen 看，瞧
ihn (*Akk.*) 他（er的第四格）
die Farbe -n 颜色
dunkel *Adj.* 暗的，黑暗的
gucken 瞧，瞅，望
dieser/diese/dieses *Pron.* 这个

schick *Adj.* 时髦的，漂亮的
meinen 认为，觉得
bunt *Adj.* 五彩的，五颜六色的
Wie wär's mit... ……如何？
weder...noch... 既不……，也不……
passen 合适
die Hose -n 裤，裤子
dein 你的
probieren 尝试，试穿
In Ordnung! [口] 好的！没有问题！
* gefallen ＋ D 使……满意，使……喜欢

Texterläuterungen

1. Ich hätte gern etwas Obst. 我想买些水果。
   Ich hätte gern... Ich möchte gern... 我想……，我想要……
   Ich hätte gern eine Tasse Kaffee. 我想来杯咖啡。
   Ich hätte gern Herrn Schneider sprechen.
   我想和施耐德先生通话。
2. In Ordnung. 没问题；好的。

Text B

Besuch bei einer deutschen Familie

Frau Schneider hat heute Geburtstag. Li Gang ist bei Familie Schneider zum Abendessen eingeladen. Er bringt Frau Schneider einen Blumenstrauß mit. Um 6 Uhr geht er los, und um 7 Uhr ist er pünktlich da.

Es klingelt. Frau Schneider meldet sich und grüßt:

Lektion 9

„Guten Abend, Herr Li! Schön, dass Sie gekommen sind! Kommen Sie doch herein!"

Li Ming reicht ihr den Blumenstrauß und sagt:

„Herzlichen Glückwunsch zum Geburtstag!"

„Das ist aber sehr nett von Ihnen. Vielen Dank! Setzen Sie sich bitte! Das Essen ist gleich fertig."

Frau Schneider bietet ihrem Gast etwas zum Trinken an und unterhält sich mit ihm über das Leben in Deutschland.

Ungefähr um Viertel nach sieben beginnt das Essen. Das Essen ist sehr lecker und reichlich. Es gibt Suppe, Gemüse, Fisch, Fleisch und Kartoffelsalat. Der Gulasch mit Nudeln schmeckt besonders. Zum Trinken gibt es Wein, Bier, Saft und Cola. Alle heben ihre Gläser und stoßen auf den Geburtstag von Frau Schneider an. Nach dem Essen gibt es noch einen Kuchen als Nachtisch. Der ist auch köstlich.

Gegen zehn Uhr verabschiedet sich Li Ming:

„Nochmals herzlichen Dank für die Einladung. Es war sehr schön bei Ihnen."

Dann fährt er mit dem Bus nach Hause.

Vokabeln

der Besuch -e 访问，做客
der Geburtstag -e 生日
　　* ein/laden 邀请
　　* mit/bringen 带来，捎来，携带
der Blumenstrauß ⸚e 花束
　　* los/gehen 动身，出发
　　pünktlich Adj. 准时的
　　klingeln 发出铃声

sich melden 应声
grüßen 问候，致意，招呼
　　* herein/kommen 进来
reichen 把……递给
ihr (Dat.) 她（sie的第三格）
herzlich Adj. 衷心的，诚心的
der Glückwunsch ⸚e 庆贺，祝贺，祝愿
nett Adj. 友好的，讨人喜欢的，可爱的

sich setzen 坐，坐下
das Essen 食物，饭菜
 gleich *Adj.* 同样的，同一的
 fertig *Adj.* 完成了的，做好的
 * an/bieten + A 有礼貌地送上（饮食等），敬（烟、酒、茶）
 * sich unterhalten + über + A 聊天，闲谈
 ihm (Dat.) 他
 ungefähr *Adv.* 大约，大概
 lecker *Adj.* 好吃的，美味的
 reichlich *Adj.* 丰富的，丰盛的
 * geben 给，给予
 es gibt... 有，存在
die Suppe -n 汤
das Gemüse - 蔬菜
der Fisch -e 鱼
der Kartoffelsalat -e 土豆沙拉
der Gulasch -e 辣味红烧牛肉
die Nudel -n 面条
 schmecken + D 有滋味，吃起来有味
der Saft ⸚e 果汁
die Cola -s 可乐
das Wasser - 水
die Milch 牛奶
die Dose -n 罐，盒
 * heben 举起，抬起，提起
das Glas ⸚er 玻璃，玻璃杯
 * an/stoßen 碰撞
der Kuchen - 蛋糕，糕点
der Nachtisch -e 正餐后的最后一道甜点心
 köstlich *Adj.* 好吃的，美味的
 sich verabschieden 告别，告辞
die Einladung -en 邀请
 war 是（ist的过去时）
die Kommode -n 橱，橱柜
der Flur -e 门厅，过道

Texterläuterungen

1. Herzlichen Glückwunsch zum Geburtstag! 生日快乐！
Ich gratuliere Ihnen zum Geburtstag! 祝贺您（你）生日！
    zur Hochzeit! 祝贺您新婚！
Frohe Weihnachten! 圣诞快乐！
Frohe Ostern! 复活节快乐！
Prosit Neujahr! 新年好！
Glückliches Neujahr! 新年快乐！

Lektion 9

2. Nochmals herzlichen Dank für Ihre Einladung!
再一次衷心感谢您的邀请！
其他表示感谢的话：
   Vielen Dank!
   Besten Dank!
   Schönen Dank!
   Ich bin Ihnen dankbar!
   Ich bedanke mich sehr!
Vielen Dank für Ihre Hilfe! 感谢您的帮助！
   für Ihre Bemühungen! 多谢您费心！
   für Ihre Freundlichkeit! 多谢您的友好！
   Für Ihre herzliche Aufnahme! 谢谢您的热情接待！

Schlüsselwörter

1) kosten 价值，价格为

S + V

Der Mantel kostet 50 Euro./大衣的价格是50欧元。
Was kostet das?/这多少钱？

S + V + A + A 花费，使付出……的代价

Es hat mich viel Stunde gekostet./这花费了我很多时间。
Die Arbeit kostet ihn viel Mühe./这个工作费了他很多力气。

2) wünschen 希望，祝愿

S + V + D + A

Ich wünsche Ihnen alles Gute!/我祝您一切都好！
Er wünscht dir ein glückliches Neujahr./他祝你新年快乐。

S + V + A 想要，要求

Er wünscht eine Antwort./他想要一个答案。

Er wünscht eine Stunde zu ruhen./他想休息一个小时。

3) gefallen 使……满意，使……喜欢

S + V + D

Wie gefällt Ihnen Ihre Reise?/您满意您的旅行吗？

Der Film hat mir gut gefallen./这部电影我很喜欢。

4) ein/laden + A 装载（货物）；邀请

S + V + A

Sie haben die Kisten ins Schiff eingeladen./他们把箱子装上了船。

Er hat seine Freunde zu sich eingeladen./他把朋友邀请到了家里。

Herr Bauer hat mich ins Konzert eingeladen./Bauer先生邀请我去了音乐会。

5) reichen

S + D + A 把……递给

Reichen Sie mir bitte das Salz./请您把盐递给我。

Er reicht ihr die Fahrkarte./他把车票递给她。

S + V 够，足够；够得着

Danke, es reicht!/谢谢，够了！

Meine Stimme reicht nicht so weit./我的声音传不了那么远。

6) an/bieten 有礼貌地送上……，敬……，提供

S + V + D + A

Er bietet ihr eine Tasse Tee an./他敬给她一杯茶。

Ich kann dir heute leider nichts anbieten./可惜我今天没有什么东西可以拿来招待你。

Er bot der alten Frau seinen Platz an./他给老太太让座。

Lektion 9

sich an/bieten　表示愿意效劳，自愿做，（机会等）出现

Er bot sich freiwillig an zu gehen./他自愿去。

Eine gute Gelegenheit bietet sich an./一个好机会出现了。

7) sich unterhalten　与……聊天，谈论关于……的话题

S + V + P: mit D/ über A

Sie unterhalten sich über den neuesten Film./他们在谈论最新影片。

Die Lehrer unterhalten sich mit den Studenten./老师正在跟学生们聊天。

S + V+ A　维持，经营；保养

China und Deutschland unterhalten normale diplomatische Beziehungen.
中德两国维持着正常的外交关系。

Er hat eine große Familie zu unterhalten./他要供养一个大家庭的生活。

8) schmecken

S + V + D　使人觉得有……滋味，吃起来有……滋味

Die Suppe schmeckt mir gut./我喜欢喝这汤。

Die Speise schmeckt sauer./这菜吃起来有酸味。

S + V+ A　尝尝，尝出……的味道

Schmeck mal den Salat, ob genug Salz daran ist./尝尝这沙拉，看盐是不是放够了。

Wenn ich Schnupfen habe, schmecke ich nichts.
我伤风的时候，什么味道都尝不出来。

9) sich verabschieden　告辞，告别

S + V + P: von D

Sie verabschieden sich./他们告别了。

Herr Bauer verabschiedet sich von seiner Frau./Bauer先生与他的妻子告别了。

— Möchten Sie noch eine Tasse Kaffee?/您想再来杯咖啡吗？

— Ich möchte gerne. Leider muss ich mich schon verabschieden./我很乐意，可惜我不得不告辞了。

83

Grammatik

1. 货币、度量衡 (Geld, Maße und Gewichte)

1,50 €	ein Euro fünfzig (ein fünfzig)
2,56 €	zwei Euro sechsundfünfzig (zwei sechsundfünfzig)
4,10 €	vier Euro zehn (vier zehn)

1 m	ein Meter
1,50 m	ein Meter fünfzig
1 cm	ein Zentimeter
5 mm	fünf Millimeter
2 qm	zwei Quadratmeter
30 km	dreißig Kilometer
10 km^2	zehn Quadratkilometer

1 g	ein Gramm
500 g	fünfhundert Gramm (ein halbes Kilo = ein Pfund)
1 kg	Kilo (gramm)
1000 kg	tausend Kilo = eine Tonne

1 l	ein Liter
5 l	fünf Liter

0°	null Grad
+5°	fünf Grad über null
−5°	fünf Grad unter null (minus fünf Grad)
5%	fünf Prozent

Lektion 9

1 sec	eine Sekunde
1 min	eine Minute
1 h	eine Stunde
10 m/sec	zehn Meter pro Sekunde
50 km/h	fünfzig Kilometer pro Stunde

2. 第三格 (Dativ I)

1) 定冠词、不定冠词、物主代词及名词的第一格、第三格和第四格比较

	阳　性	中　性	阴　性	复　数
第一格	der Freund	das Kind	die Freundin	die Freunde
	ein Freund	ein Kind	eine Freundin	...
	kein Freund	kein Kind	keine Freundin	keine Kinder
	mein Freund	mein Kind	meine Freundin	meine Freundinnen
第四格	den Freund	das Kind	die Freundin	die Freunde
	einen Freund	ein Kind	eine Freundin	...
	keinen Freund	kein Kind	keine Freundin	keine Kinder
	meinen Freund	mein Kind	meine Freundin	meine Freundinnen
第三格	dem Freund	dem Kind	der Freundin	den Freunden
	einem Freund	einem Kind	einer Freundin	...
	keinem Freund	keinem Kind	keiner Freundin	keinen Kindern
	meinem Freund	meinem Kind	meiner Freundin	meinen Freundinnen

说明：a) 不是以-n或-s结尾的复数名词，复数第三格要加词尾-n，如den Freunden。

b) 弱变化阳性名词由第一格变为第三格时，除冠词或物主代词发生相应变化之外，名词词尾加-en或-n。

第一格	第四格	第三格
der Name	den Namen	dem Namen
der Herr	den Herrn	dem Herrn
der Student	den Studenten	dem Studenten

2) 人称代词的第四格

第一格	ich	du	er	sie	es	wir	ihr	sie	Sie
第四格	mich	dich	ihn	sie	es	uns	euch	sie	Sie
第三格	mir	dir	ihm	ihr	ihm	uns	euch	ihnen	Ihnen

说明：尊称第二人称Sie的单复数及相应变格的第一个字母永远要大写。

3) 第三格的用法

a) 作动词的第三格宾语

某些动词要求第三格宾语。

Ich **danke** Ihnen herzlich **für** Ihre Hilfe./衷心感谢您的帮助。

Das Auto **gefällt** mir sehr./这辆车我很喜欢。

Das Haus **gehört** Herrn Müller./房子属于米勒先生。

Er **hilft** oft seinem Bruder **beim** Deutschlernen./他经常帮助弟弟学习德语。

Es geht ihm sehr gut./他情况很好。

Was **fehlt** Ihnen denn?/您哪儿不舒服？

Wir **gratulieren** ihr **zum** Geburtstag./我们祝她生日快乐。

Das Essen **schmeckt** uns sehr./饭菜我们觉得很好吃。

Der Mantel **passt** meinem Freund gut./大衣适合我男朋友。

Der Mantel **passt** zu der Hose./大衣和裤子相配。

Der Mantel **steht** dir gut./大衣适合你。

某些动词可支配双宾语：三格宾语+四格宾语。

Er bringt Frau Schneider einen Blumenstrauß./他给施耐德夫人带来一束花。

Frau Schneider bietet ihrem Gast etwas zum Trinken an.

施耐德夫人给她的客人上饮料。

Ich bleibe heute zu Hause und schreibe meinen Eltern einen Brief.

我今天待在家里，给我的父母写了一封信。

注意：

如果第三格宾语和第四格宾语均为名词，则第三格位于第四格之前。

Frau Schneider bietet ihrem Gast etwas zum Trinken an.

如果其中一个宾语为代词，则代词宾语位于名词宾语之前。
Frau Schneider bietet ihm etwas zum Trinken an.
Er bringt **ihn** Frau Schneider.
           ↑
        einen Blumenstrauß

如果第三格宾语和第四格宾语均为代词，则第四格位于第三格之前。
Er bringt **ihn** **ihr.**
           ↑   ↑
        einen Blumenstrauß Frau Schneider

b) 与形容词连用

Die Heizung ist kaputt. Ist es dir kalt ?/暖气坏了。你感觉冷吗？
Ich finde, der Mantel ist mir zu dunkel./我觉得这件大衣对我来说颜色太暗了。
Der Pullover ist ihm zu groß (zu klein/ eng/ weit).
毛衣他穿太大（太小/太瘦/太肥）。
Mir ist es egal./我无所谓。

c) 作介词的第三格宾语

Die Studenten kommen **aus** der Schweiz./这些学生来自瑞士。
Wir fragen ihn **nach** seiner Adresse./我们询问他的地址。
Es ist hier **im** Zimmer zu dunkel./房间里太暗了。

4) wer 的第三格

第一格	第四格	第三格
wer →	**wen** →	**wem**

例：
— Mit wem geht Li Gang einkaufen?/李刚和谁一起去购物？
— Mit Zhang Ming./和张明一起。
— Wem gehört das Fahrrad?/这辆自行车属于谁？
— Thomas./托马斯。

3. 支配第三格的介词 (Präpositionen mit Dativergänzung)

1) **ab**: ab wann? ab wo?

Ab morgen machen wir Urlaub./从明天起我们休假。

Ab Köln nehmen wir Autobahn./自科隆起我们走高速公路。

2) **aus:** woher?

Um sechs kommen die Kinder aus der Schule nach Hause./6点钟孩子们放学回家。

Unser Lehrer kommt aus der Schweiz./我们的老师来自瑞士。

3) **bei:** bei wem? wobei? wo?

Er ist beim Arzt./他在看医生。

Mein Bruder hilft mir beim Deutschlernen./我哥哥帮助我学习德语。

Er wohnt bei Berlin./他住在柏林附近。

4) **mit:** mit wem? womit?

Wir sprechen mit dem Deutschen./我们和这个德国人谈话。

Sie fährt mit der U-Bahn in die Stadt./她乘地铁进城。

5) **nach:** wohin? wann?

Morgen fährt meine Mutter nach Shanghai./我母亲明天去上海。

Nach dem Essen machen wir einen Spaziergang./饭后我们去散步。

6) **seit:** seit wann?

Seit einem Jahr lebt er in Beijing./一年以来他生活在北京。

7) **von:** woher? von wem? wovon

Er kommt vom Bahnhof./他从火车站来。

Wir sprechen von unserem Lehrer./我们谈到我们的老师。

Er spricht von seiner Reise nach China./他提到他的中国之行。

8) **zu:** wohin?

Heute habe ich Zeit und gehe zu dir./今天我有时间，去你那里。

Lektion 9

注意：beim Bahnhof = bei dem Bahnhof
vom Bahnhof = von dem Bahnhof
zum Unterricht = zu dem Unterricht
zur Schule = zu der Schule

4. 支配第三格或第四格的介词 (Präpositionen mit Dativergänzung und Akkusativergänzung)

1) 方位：wohin? wo?

介　词	支配第四格"到……去"	支配第三格"在……"
an 到……旁；在……旁	ans Fenster an den Tisch	am Fenster am Tisch
auf 到……上；在……上	auf den Tisch auf die Post	auf dem Tisch auf der Post
hinter 到……后面；在……后面	hinter das Haus	hinter dem Haus
in 到……里面；在……里面	ins Kino in den Kindergarten	im Kino im Kindergarten
neben 到……旁边；在……旁边	neben das Bett	neben dem Bett
über 到……上面；在……上面	über den Tisch	über dem Tisch
unter 到……下面；在……下面	unter den Tisch	unter dem Tisch
vor 到……前；在……前	vor das haus	vor dem Haus
zwischen 到……之间；在……之间	zwischen die Eltern	zwischen den Eltern

例：

Wir stellen den Tisch ans Fenster./我们把桌子靠窗子放置。
Der Tisch steht am Fenster./桌子靠窗而立。
Er legt das Buch auf den Tisch und geht./他把书本放到桌子上走了。
Die Zeitung liegt auf dem Tisch./报纸在桌子上。
Das Kind setzt sich zwischen seine Eltern./孩子坐到父母中间。
Das Kind sitzt zwischen seinen Eltern./孩子坐在父母中间。
Das Bild hängt an der Wand./画挂在墙上。
Wir hängen das Bild an die Wand./我们把画挂在墙上。

注意：

ans = an das 　　　　**am = an dem**

aufs = auf das

ins = in das 　　　　**im = in dem**

2) 时间，只支配第三格 wann?

　　an: am Vormittag, am Montag, am Abend

　　in: in der Nacht, im Jahr 2006, im Unterricht

　　vor: vor einer Woche, vor dem Essen

　　zwischen: zwischen dem zweiten und fünften Mai

5. 情态动词 sollen, mögen (sollen, mögen)

1) 情态动词 sollen, mögen 对人称的变位形式：

人称代词	现在时变位	
	sollen	mögen
ich	soll	mag
du	sollst	magst
er/s-ie/es	soll	mag
wir	sollen	mögen
ihr	sollt	mögt
sie	sollen	mögen
Sie	sollen	mögen

2) sollen 既可以做助动词和动词连用，也可以作为独立动词使用。

　　a) 表示建议、推荐

　　Der Arzt sagt, ich soll nicht so viel rauchen./医生说，我不应该抽那么多烟。

　　b) 表示礼貌或转述第三人的话

　　Sag Wolfgang, er soll sofort zum Lehrer (gehen)./告诉沃尔夫冈，让他去见老师。

　　Sag Monika, sie soll mehr Sport treiben./告诉莫尼卡，让她多加强锻炼。

　　c) 表示道德上的义务

　　In der Öffentlichkeit soll man nicht laut sprechen./公共场所人们不应大声喧哗。

mögen 作独立动词，表示喜欢。

　　Ich mag sie nicht gern./我不太喜欢她。

　　Wein mag ich nicht, lieber Bier./葡萄酒我不喜欢，我宁愿喝啤酒。

Lektion 9

Übungen

1. 冠词填空。

   Es ist Sonntagvormittag.

   Gu Hong möchte mit _____ Freundin Christine in _____ Konzert gehen. Es ist schon spät, und Christine ist immer noch in _____ Bett.

   Gu Hong: Schnell Christine, aufstehen! Mit _____ Fahrrad brauchen wir 20 Minuten bis zu _____ Thomaskirche.

   Christine: Aber mit _____ Bus nur 10 Minuten.

   In 15 Minuten ist Christine endlich fertig.

   Christine: So, jetzt können wir fahren.

   Gu Hong: Aber jetzt sind wir zu spät.

   Christine: Tut mir leid. Heute können wir uns nur mit _____ Eltern unterhalten.

2. 介词填空，如有需要可加冠词。

   1) Er geht morgens _____ 7 Uhr _____ dem Haus.

   2) Wir fahren _____ dem Zug _____ den Eltern.

   3) Wir gehen heute Abend _____ Theater.

   4) Ich muss um 5 Uhr _____ Arzt gehen.

   5) Ich gehe jetzt _____ meinem Freund, wir wollen zusammen _____ Kino.

   6) Sie möchte ihre Ferien _____ dem Land verbringen.

   7) Die Kinder müssen früh _____ Bett gehen.

   8) Er fährt immer _____ dem Auto _____ Arbeit.

   9) Kannst du _____ zehn Minuten hier wieder sein?

   10) Ist die Universität weit _____ hier?

   11) Stellen Sie das Bücherregal _____ die Wand.

   12) Die Semesterprüfung steht _____ der Tür.

   13) Cornelia ist _____ ersten Mal in China.

   14) _____ welcher Stadt kommst du?

15) Köln liegt _____ Rhein.

16) Die Schüler haben einen Text _____ Englische übersetzt.

3. 代词或冠词填空。

1) Was machst du sonntags zu Hause? Hilfst du oft _____ Eltern?

2) Herr Meier, gefällt _____ _____ (Sie, wir) Stadt?

3) Wie schmeckt _____ (Sie)die Suppe?

4) Die Zeit passt vielleicht _____ (ich)Bruder nicht.

5) Sie haben doch Fotos aus China. Können Sie _____ _____ Schülern zeigen?

6) Herr Schmidt schenkt _____ Sohn _____ Bilderbuch.

7) Was erzählen Sie _____ Kindern?

8) _____ (wer) geben wir _____ Geschenk?

4. 填入合适的人称代词。

Ich arbeite in der Parmafirma (帕尔马) schon 3 Monate. Bei _____ (wir) arbeiten Leute aus der ganzen Welt. Darunter gibt es eine Kollegin, mit _____ (sie) ich am meisten befreudet (友好的) bin. Ihr Name ist Gisela. Sie spricht mit _____ (ich) gern. Ein Kollege kommt aus Frankreich, er arbeitet schon lange in der Firma. Ich gehe oft zu _____ (er), um Hilfe zu bekommen. Die Arbeiter hier bekommen zu zweit ein Zimmer, bei _____ (ich) wohne ein freundliches Mädchen. Mit _____ (es) rede ich immer gern. Meine Kollegen kommen oft zu _____ (wir). Ich spreche auch gern mit _____ (sie).

5. 请填写mögen或者sollen的正确形式。

1) _____ ich morgen zur Schule gehen?

2) Was _____ Sie, Herr Müller? Fisch oder Fleisch?

3) Du _____ das nicht so tun!

4) Die Kinder _____ fernsehen, aber zurzeit _____ sie die Hausaufgaben machen.

5) — Ich möchte in Deutschland studieren.
   — Da _____ du Deutsch lernen. Nicht?

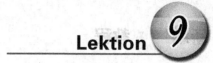

6. 完成下列对话。

   A: Guten Tag!

   B: Tag! _____ doch rein! Nimm bitte _____! Trinkst du Kaffee?

   A: Nein danke. Dein neues Zimmer sieht wirklich gut aus.

   B: Gefällt es _____?

   A: Ja, sehr. Aber warum steht der Fernseher noch _____ _____ Boden（der, 地面, 地板）?

   B: _____ soll ich _____ denn stellen?

   A: Vielleicht auf _____ Tisch?

   B: Nicht schlecht. Aber meine Frau arbeitet manchmal _____ Tisch.

   A: Dann stell ihn _____ _____ Kommode!

   B: Das ist _____ gute Idee!

   A: Was machst du mit _____ Büchern?

   B: _____ Regal（das, -e, 书柜） ist kein Platz mehr. Ich kaufe vielleicht noch ein Bücherregal.

   A: Hast du _____ Zimmer noch Platz _____ ein Regal?

   B: Eigentlich nicht. Aber ich kann _____ ja _____ _____ Flur stellen.

   A: OK. Nun will ich noch schnell _____ Herrn Ma. Ich habe Kinokarten _____ ihn. Wohnt er über _____ (du) oder unter _____?

   B: Weder _____ _____ noch _____ _____, er _____ nicht mehr in _____ (unser) Haus.

7. 选词填空。

   | schmecken | fahren | wünschen | sich unterhalten | gefallen | haben |
   | ein/laden | reichen | nehmen | scih verabschieden | an/bieten | |

   Herr Bauer _____ Frau Hoffmann zur Geburtstagsparty _____.

   Frau Hoffmann _____ Herrn Bauer einen Blummenstrauß und _____ ihm glücklichen Geburtstag.

   Der Blummenstrauß _____ Herrn Bauer sehr. Er _____ ihr eine Tasse Kaffee _____.

Dann _____ sie zusammen Abendessen. Die Speise _____ Frau Hoffmann sehr.

Nach dem Essen _____ sie _____ über den neuesten Film.

Um 10 Uhr _____ Frau Hoffmann_____ und _____ nach Hause. Sie _____ ein Taxi.

8. 汉译德。

1) ——肉多少钱?
   ——2.2欧元一公斤。
   ——那牛奶呢? 多少钱一罐?
   ——1欧元。
   ——鸡蛋呢?
   ——30欧分一个。

2) Bauer先生今天生日,请我们去他家吃饭。

3) ——(我衷心地祝您)生日快乐!
   ——谢谢。

4) 能把那边的水递给我吗?

5) ——我可以帮您吗,女士?
   ——我很喜欢这双鞋,可是就是有点大。
   ——那么您试一下这双吧。
   ——这双很不错,那我就要这双了,多少钱?
   ——280欧元。
   ——天哪! 这么贵!

Was ich nicht weiß, macht mich nicht heiß.

眼不见,心不烦。

LEKTION 10

Text A: Li Gang ist sehr beschäftigt

Text B: Ostern

Grammatik:

1. 月份和四季
2. 第二格
3. 支配第二格的介词
4. 反身动词

Text A

Li Gang ist sehr beschäftigt

1. Auf Zimmersuche

Li Gang wohnt zu weit von der Uni. Er sucht jetzt ein neues Zimmer.

Li Gang: Guten Tag! Ich heiße Li. Ich habe Ihre Annonce gesehen. Ist das Zimmer noch frei?

Vermieter: Ja, es ist noch frei. Kommen Sie doch rein und schauen Sie sich das Zimmer an!

Li Gang: Ein bisschen klein, aber gemütlich.

Vermieter: Darf ich fragen: was sind Sie von Beruf?

Li Gang: Ich bin Student und studiere an der Uni hier.

Vermieter: Dann ist das Zimmer sehr geeignet für Sie. Diese Gegend hier ist sehr ruhig.

Li Gang: Wie teuer ist das Zimmer?

Vermieter: 150 Euro im Monat, Strom und Heizung gehen extra.

Li Gang: Gut, ich nehme das Zimmer. Kann ich morgen einziehen?

Vermieter: Selbstverständlich. Bis wann werden Sie hier bleiben?

Li Gang: Mein Studium dauert noch sechs Monate. Danach mache ich ein Praktikum, ungefähr drei Monate. Also, bis Ende November oder Anfang Dezember.

Vermieter: Alles klar. Dann bis morgen!

Li Gang: Bis morgen!

2. In der Bank

Li Gang möchte ein Konto eröffnen und geht in die Bank.

Li Gang: Ich möchte bei Ihnen ein Konto eröffnen. Geht das?

Angestellte: Natürlich. Was für ein Konto wünschen Sie, ein Sparkonto oder ein Girokonto?

Li Gang: Ich weiß nicht. Was ist besser?

Angestellte: Wenn Sie sparen wollen, natürlich ein Sparkonto. Das bringt höhere Zinsen.

Li Gang: Kann man von diesem Konto aus überweisen?

Angestellte: Nein, dafür brauchen Sie ein Girokonto.

Li Gang: Dann eröffne ich ein Girokonto.

Angestellte: Ok. Füllen Sie bitte die Formulare aus. Darf ich Ihren Ausweis mal sehen?

Li Gang: Hier bitte! Übrigens, kann ich bei Ihnen auch Euro in Dollar umtauschen?

Angestellte: Nein. Da müssen Sie zum Schalter 9 gehen.

Li Gang: Vielen Dank!

Lektion 10

Vokabeln

beschäftigt *Adj.* 忙碌的
das Zimmer - 房间
der Vermieter - 出租人，房东
die Suche -n 寻找
　　weit *Adj.* 远的
　　von + D *Präp.* 从……起；（所属关系）的
die Uni -s 大学
　　suchen 寻找
　　neu *Adj.* 新的
die Annonce -n 广告
　　* sehen 看，观察
　　klein *Adj.* 小的
　　gemütlich *Adj.* 舒服的，舒适的
　　geeignet + für *Adj.* 合适的，适宜的
die Gegend -en 地区，地方
　　ruhig *Adj.* 安静的
der Strom 电流
die Heizung -en 供暖
　　extra 特别的，额外的
　　* ein/ziehen 迁入
das Studium ... dien （大学）学习
　　danach *Adv.* 然后

das Praktikum ... ka 实习
das Ende -n 结束，结尾
der Anfang ⸚ e 开始，开端
　　klar *Adj.* 清楚的，明白的
die Bank -en 银行
das Konto ... ten 账户，户头
　　eröffnen 开设，开立
das Sparkonto ... ten 储蓄账户
das Girokonto ... ten 结算账户
　　* wissen 知道，了解
　　besser *Adj.* 更好
　　sparen 储蓄；节省，节约
　　hoch *Adj.* 高的；高额的
der Zins -en 利息
　　überweisen 汇款，转账
　　aus/füllen 填写
das Formular -e 表格
der Ausweis -e 证件
　　übrigens *Adv.* 此外
　　um/tauschen 兑换
der Schalter - （银行、邮局、铁路等服务机关的）窗口

Texterläuterungen

1. Ich habe Ihre Annonce gesehen. 我看到了您的广告。
2. 150 Euro im Monat, Strom und Heizung gehen extra.
　　每月150欧元，电费和暖气费另付。

3. Was für ein Konto wünschen Sie, ein Sparkonto oder ein Girokonto? 您想开一个什么账户，储户账户还是结算账户？

Text B

Ostern

Das Ende des Winters in Mitteleuropa ist mit dem Osterfest gekrönt. Genau 46 Tage nach Aschermittwoch, dem Ende des Karnevals, ist Ostersonntag. Es ist das Fest der Ostereier, Osterhasen, aber auch der Osterlämmer und Osterfeuer.

Neben Hase und Lamm spielt vor allem das Ei zu Ostern eine wichtige Rolle. Ob als richtiges Ei oder Schokoladen-Ei, ob als Dekoration an Zweigen oder

als bunt bemaltes Frühstücksei — Ostern ohne „Osterei" ist in Deutschland nicht denkbar. Dabei kommt bereits seit vorchristlicher Zeit dem Ei bei fast allen Völkern als Sinnbild für die erwachende Natur und die Fruchtbarkeit besondere Bedeutung zu.

Darüber hinaus soll jedoch der Ursprung des Osterfestes nicht in Vergessenheit geraten: Am Ostersonntag feiern die Christen die Auferstehung Jesu Christi vom Tod. Dabei sieht man den Tod nicht als Ende, sondern als Beginn eines neuen Lebens.

Lektion 10

Vokabeln

das Ostern - （宗）复活节
der Winter - 冬天，冬季
    Mitteleuropa 中欧
das Osterfest -e （宗）复活节
    krönen 使圆满完成；使达到顶峰
    genau *Adj.& Adv.* 刚好，恰恰
der Aschermittwoch （宗）圣灰星期三
der Karneval -e/-s 狂欢节
der Ostersonntag -e 复活节星期日
das Osterei -er 复活节彩蛋
das Osterlamm ¨ er 复活节羔羊
das Osterfeuer - 复活节焰火
    usw. (und so weiter) 等等
der Hase -n 兔子
    vor allem 首先
    wichtig *Adj.* 重要的
    ob...oder... 无论……，还是……
    als *Konj.* 作为
die Schokolade -n 巧克力
die Dekoration -en 装饰
der Zweig -e 树枝；分支
    bemalt *Adj.* 被涂色的
das Frühstück -e 早餐

ohne + A *Präp.* 没有
denkbar *Adj.* 可以想象的
bereits *Adv.* 已经
seit + D *Präp.* 自从……
vorchristlich *Adj.* 公元前
fast *Adv.* 几乎，接近
das Volk ¨ er 民族，人民
das Sinnbild -er 象征，标志；比喻
erwachend *Adj.* 苏醒的，觉醒的
die Natur 自然
die Fruchtbarkeit 丰收
die Bedeutung -en 意义，意思
    darüber hinaus 此外
    * sollen 应该
der Ursprung ¨ e 起源，根源
die Vergessenheit 遗忘
    geraten + in + A 处于，陷于
der Christ -en 基督教徒
die Auferstehung （宗）复活，再生
dabei *Adv.* 与此同时，此外
nicht ... sondern... 不是……，而是……
der Tod -e 死亡
der Beginn 开始，开端

Texterläuterungen

1. Das Ende des Winters in Mitteleuropa wird mit dem Osterfest gekrönt. 中欧的冬季随着复活节的到来而达到顶峰。

2. Neben Hase und Lamm spielt vor allem das Ei zu Ostern eine wichitige Rolle. 复活节除了复活节兔子和羔羊之外，复活节彩蛋也扮演着重要的角色。

3. ob...oder... 无论……还是……
Ob es schön oder nicht, wir möchten sowieso einen Ausflug machen. 无论天气好坏，我们都要去郊游。

4. Dabei kommt bereits seit vorchristlicher Zeit dem Ei bei fast allen Völkern als Sinnbild für der erwachenden Natur und der Fruchtbarkeit besondere Bedeutung zu. 早在公元前，在几乎所有的民族中，彩蛋就作为万物复苏和丰收的象征被赋予了重要的意义。

5. die Auferstehung Jesu Christi 耶稣的复活
   一格　Jesus Christus 耶稣基督
   二格　Jesu Christi
   三格　Jesu Christo
   四格　Jesum Christum

Schlüsselwörter

1) beschäftigen

S + V + A 雇用；使……忙碌；使……研究、思考

Die Fabrik beschäftigt 200 Personen./这家工厂雇用了二百名员工。

Diese Frage beschäftigt mich schon seit längerer Zeit./这个问题我思考很久了。

sich beschäftigen mit D 从事于，忙于……；关心，把时间用于……

Unsere Oma beschäftigt sich viel mit ihren Enkeln.
我们的祖母对子孙的事情非常操心。

Er beschäftigt sich mit mathematichen Problemen./他从事于数学问题研究。

2) suchen

S + V + A　寻找，探求

Das Kind hat große Angst und sucht Schutz bei seiner Mutter.
孩子非常害怕，寻求母亲的保护。
Wir suchen jetzt eine neue Arbeitsstelle./我们正在找一份新的工作。

S + V + P: nach D　寻觅，搜索

Man fühlt sich gelangweilt und sucht nach dem Sinn des Lebens.
人们感到无聊，寻求生命的意义。
Er sucht nach Worten./他在搜寻合适的表达。

3) eröffnen　开始，开幕；开辟，开放；开立账户

S + V + A

Er eröffnet die Tagung mit der Begrüßung./他致欢迎辞宣布大会开幕。
Eine neue Autobahn ist eröffnet worden./一条新的高速公路开通了。
Die Erfindung der Dampfmaschine eröffnet der Seefahrt völlig neue Perspektiven.
蒸汽机的发明为航海事业开辟了全新的视野。
Li Gang möchte ein neues Konto bei der Bank eröffnen./李刚想在银行开一个新户头。

4) um/tauschen　退换，调换；兑换

S + V + A

Das Geschäft hat mir die Waschmaschine umgetauscht./商家给我退换了洗衣机。
Kann man hier Euro in Dollar umtauschen?/可以在这里把欧元兑换成美元吗？

5) ein/ziehen　迁入，进入

S + V (+ Dir)

Bald ziehen wir in unsere neue Wohnung ein./我们不久就要搬进新房。
Die Truppen ziehen in die Stadt ein./部队进驻城里。

6) geraten 处于……，陷于……

S + V + P: in A

Wie bist du denn in diese gefährliche Situation geraten?

你是如何陷入如此危险境地的？

Karl gerät in Schwierigkeiten. Wir müssen ihm jetzt helfen.

卡尔陷入困境，我们现在得帮他。

Die Wirtschaft der Welt gerät in eine Krise./世界经济陷入危机。

Früher war er ein bekannter Filmstar, aber jetzt ist er in Vergessenheit geraten.

过去他是一名著名的影星，但是现在已被人遗忘。

Die beiden geraten in Verlegenheit und wissen nicht, was sie sagen sollen.

两人陷入尴尬，不知该说些什么。

Das Haus gerät in Brand./房子着火了。

Grammatik

1. 月份和四季 (Monate und Jahreszeiten)

   月份

der Januar	der Februar	der März
der April	der Mai	der Juni
der Juli	der August	der September
der Oktober	der November	der Dezember

   im Januar/ Februar/ ... /Dezember

   四季

der Frühling	im Frühling
der Sommer	im Sommer
der Herbst	im Herbst
der Winter	im Winter

Lektion 10

2. 第二格 (Genetiv)

1) 定冠词、不定冠词、物主代词及名词的第二格

	阳 性	中 性	阴 性	复 数
第一格	der Lehrer ein Lehrer kein Lehrer mein Lehrer	das Kind ein Kind kein Kind mein Kind	die Frau eine Frau keine Frau meine Frau	die Lehrer — keine Frauen meine Kinder
第二格	des Lehrers eines Lehrers keines Lehrers meines Lehrers	des Kindes eines Kindes keines Kindes meines Kindes	der Frau einer Frau keiner Frau meiner Frau	der Lehrer — keiner Frauen meiner Kinder
第三格	dem Lehrer einem Lehrer keinem Lehrer meinem Lehrer	dem Kind einem Kind keinem Kind meinem Kind	der Frau einer Frau keiner Frau meiner Frau	den Lehrern Lehrern keinen Frauen meinen Kindern
第四格	den Lehrer einen Lehrer keinen Lehrer meinen Lehrer	das Kind ein Kind kein Kind mein Kind	die Frau eine Frau keine Frau meine Frau	die Lehrer — keine Frauen meine Kinder

说明：a) 强变化阳性名词及中性名词的单数第二格加词尾-s，单音节名词及以-s, -ss, -ß, -z, -tz,-x等结尾的名词加词尾-es。

b) 弱变化阳性名词的单数第二格加词尾-n或-en。

第一格	第二格
der Herr	des Herrn
der Student	des Studenten
特殊变化 der Name	des Namens

c) 人名的第二格一般加词尾-s，以-s, -ss, -ß, -x等结尾的人名第二格用 " ' "。

　　Pauls Eltern/保罗的父母

　　Günter Grass' Werke/君特·格拉斯的著作

　　Thomas' Zimmer/托马斯的房间

2) 第二格的用法

a) 用作名词的定语，回答"谁的" wessen（wer的第二格）的提问。

— Wessen Zimmer ist das?/这是谁的房间？

— Das ist **Thomas'** Zimmer./这是托马斯的房间。

Die Fenster **der Kirche** sind sehr groß./这座教堂的窗户很大。

Der Freund **meiner Schwester** studiert auch an meiner Uni.

我妹妹的男朋友也在我的大学读书。

Ich treffe heute den Mann **einer Freundin**./我今天碰到一个朋友的丈夫。

b) 第二格有时用作时间状语。

Eines Tages kommt Rotkäppchen zu ihrer Großmutter./有一天小红帽去看她的祖母。

Sie liest **des Abends** zu Hause Romane./她晚上在家读小说。

c) 在某些固定搭配中用到第二格。

Ich bin **deiner Meinung**, aber Jana ist **anderer Meinung**.

我和你观点一样，但是亚娜观点不同。

Wenn es regnet, bin ich immer **schlechter Laune**./下雨天我总是心情不好。

3. 支配第二格的介词 (Präpositionen mit Genetivergänzung)

1) außerhalb 在……外面；在……之外

Sie wohnen außerhalb der Stadt./他们住在城外。

Außerhalb der Arbeitszeit kannst du mich zu Hause finden.

非上班时间你可以在家里找到我。

2) innerhalb 在……里面；在……之内

Innerhalb der Halle gibt es viele Leute. /大厅里面有很多人。

Sie müssen diese Arbeit innerhalb 2 Stunden fertig machen.

您必须在两个小时之内完成这项工作。

3) trotz 尽管

Trotz der Kopfschmerzen geht er sehr früh zur Arbeit.

尽管头痛，他还是很早去上班了。

Lektion 10

Trotz des Regens machen wir einen Ausflug./尽管下雨，我们还是出去郊游。

4) während 在……期间

Während der Ferien hat er mich einmal angerufen./假期中他给我打过一次电话。

Während des Unterrichts darf man nicht laut sprechen./上课期间不许大声说话。

5) wegen 因为

Wegen seiner Verspätung ist der Chef ganz böse./因为他的迟到，老板非常生气。

Wegen der Zerstörung der Umwelt ist die Stadt nicht mehr schön.

由于环境的破坏，这个城市不再美丽了。

6) anlässlich 值……之际，为了（庆祝）……

Anlässlich seines 80. Geburtstages gibt man eine große Party.

在他80大寿之际举行了盛大的聚会。

Anlässlich der Gründeng der Firma lädt er viele Gäste ein.

为了庆祝公司的成立他邀请了很多宾客。

4. 反身动词 (Reflexive Verben)

某些动词支配的主语（动作主体）和宾语（动作对象）重合，即动作对象就是动作主体，这样的动词叫做反身动词。反身动词的宾语由反身代词来充当，反身代词分为第三格和第四格。形式如下：

人称代词 反身代词	单 数			复 数			尊 称
	ich	du	er/sie/es	wir	ihr	sie	Sie
第三格	mir	dir	sich	uns	euch	sich	sich
第四格	mich	dich	sich	uns	euch	sich	sich

说明：尊称 Sie 的反身代词第一个字母小写。

反身动词分为"真反身动词"和"假反身动词"。

1) "真反身动词"必须支配反身代词。如 sich befinden, sich erholen, sich erkundigen, sich beschäftigen, sich aneignen, sich auskennen 等等。

Deutschland **befindet sich** mitten in Europa./德国位于欧洲的中部。

105

Am Wochenende kann ich **mich** gut **erholen**./周末我可以好好休息。

Der Herr **erkundigt sich** nach deiner Telefonnummer./这位先生打听你的电话号码。

Seit Tagen **beschäftigen** wir **uns** mit der deutschen Literatur des 20. Jahrhunderts.
几天以来我们在从事20世纪德国文学研究。

In der Schule können wir **uns** schell Kenntnisse **aneignen**.
在学校我们可以很快掌握知识。

Herr Li **kennt sich** in diesem Gebiet nicht gut **aus**./李先生不熟悉这个领域。

　　"真反身动词"和反身代词构成不可分割的整体。去掉反身代词，这种动词不能单独使用或者词义发生改变。

Die Wissenschaftler **beschäftigen sich mit** Umweltproblemen.
这些科学家研究环境问题。

Die Firma **beschäftigt** 50 Personen./这个公司雇佣了50个人。

2) 有些动词可以支配其他宾语，但当动作的对象与动作主体重合时，则要与反身代词连用，这类动词被称做"假反身动词"，反身与不反身两种用法词义相同。

Das Geschenk **freut die Kinder** sehr./这个礼物使孩子们很开心。

Die Kinder **freuen sich** sehr über das Geschenk./孩子们为这个礼物很开心。

Die Studenten **begrüßen den Professor**./学生们问候教授。

Die Studenten und der Professor **begrüßen sich**./学生们和教授互相问候。

Das Foto **erinnert ihn** an das Leben in Wien./这幅照片使他想起了在维也纳的生活。

Er **erinnert sich** oft an das Leben in Wien./他经常回想起在维也纳的生活。

Ich **wasche** mein Handtuch./我洗我的毛巾。

Ich **wasche mir** die Hände./我洗手。

Darf ich **mich** mal **vorstellen**?/我可以做一下自我介绍吗？

Darf ich Ihnen **meinen Mann vorstellen**?/我可以向您介绍我的先生吗？

Sie **kauft mir** ein Buch./她给我买了一本书。

Sie **kauft sich** ein Buch./她给自己买了一本书。

Lektion 10

Übungen

1. 在必要的地方补充合适的词尾。

   1) Wir kommen am Ende dies_____ Woche_____ nach Berlin.
   2) Ich besuche dich Anfang d_____ Monat_____.
   3) Kommt ihr mit eur_____ Kinder_____ zur Party?
   4) D_____ nächsten Monat_____ habe ich viel zu tun.
   5) D_____ Wohnung gefällt mir gar nicht.
   6) Wir helfen gern d_____ alten Mensch_____.
   7) Wie viele Student_____ und Studentin_____ sind in Ihr_____ Klasse.
   8) Der Chef dankt all_____ Arbeiter_____.
   9) Die Liebe sein_____ Mutter hilft ihm sehr bei dies_____ schweren Krankheit.
   10) Beim schlechten Wetter bin ich immer schlecht_____ Laune.

2. 填入合适的介词，如有必要可加冠词。

   1) _____ dem Essen soll man nicht sofort schlafen.
   2) _____ der Arbeit soll man sich gut konzentrieren (集中精力).
   3) — Wann gehst du _____ Spanien?
      — _____ zwei Wochen.
   4) — Wann fahren wir los?
      — _____ 5 Uhr.
      — Gut. Dann bin ich _____ 4.45 Uhr und 5Uhr bei dir. _____ später!
   5) Ich wohne lieber _____ der Stadt. Es ist dort viel ruhig und frisch.
   6) _____ des schlechten Wetters müssen wir _____ Hause bleiben. Sonst fahren wir _____ Grüne.
   7) Das Foto erinnert mich _____ meine Eltern in China.
   8) Die beiden geraten _____ Verlegenhait und suchen _____ Worten.
   9) — Wie lange lernen Sie schon Deutsch?
      — _____ einem Monat. Wir beginnen _____ September _____ der Phonetik.

107

10) — Herzlichen Glückwunsch _____ Geburtstag!

3. 填入合适的人称代词或反身代词。

1) Die Verabredung

Sie sehen _____.

Sie treffen _____.

Er freut _____,

Sie freut _____ auch.

Sie setzen _____ und unterhalten _____.

Sie streiten _____ (争吵).

Dann fragt sie _____: „Liebst _____ _____?"

Er sagt: „Ja, _____ liebe _____!"

Dann sehen sie _____ an

und küssen _____.

und verstehen _____ wieder.

2) In der ersten Unterrichtsstunde stellen _____ alle Studenten vor.

3) In der Freizeit gehe ich oft zu meinen Freunden und unterhalte _____ mit _____ über das Leben in Deustchland.

4) Kommen Sie bitte herein und setzen Sie _____.

5) Es ist schon so spät. Wir müssen _____ verabschieden.

6) Deutschland befindet _____ im Herzen Europas.

7) — Womit beschäftigen Sie _____ zurzeit?

— Mit einigen mathematischen Problemen.

8) — Haben Sie ein Hobby?

— Aber natürlich. Ich höre gern Musik und begeistere _____ für Mozart und Strauß.

4. 情态动词填空。

1) Herr Weber _____ ins Kino gehen. Seine Frau _____ auch ins Kino gehen. Sie haben noch eine halbe Stunde Zeit. Sie _____ noch Kaffee trinken.

Lektion 10

2) — Was _____ du? _____ du ausgehen oder zu Hause bleiben?
   — Ich _____ gern ausgehen. Aber ich _____ nicht. Ich _____ noch arbeiten.

3) Ich _____ ins Grüne fahren. Aber ich _____ nicht. Der Doktor sagt, ich _____ noch im Bett liegen.

4) — _____ man hier Geld umtauschen?
   — Nein, da _____ Sie zum Schalter 5 gehen.

5. 选词填空。

| eine Rolle spielen | gehen | an/bieten | sich melden | beschäftigen |
| herein/kommen | machen | sich an/schauen | überweisen | |

1) Mit Girokonto kann man Geld _____.
2) Hier _____ die Studenten ein Praktikum.
3) Wie viele Mitarbeiter _____ die Firma?
4) — Ich suche ein Zimmer.
   — _____ Sie doch _____ und _____ Sie _____ das Zimmer _____.
5) Das Telefon klingelt. Aber niemand _____ _____.
6) Was darf ich Ihnen zum Trinken _____, Kaffee oder Tee?
7) In der heutigen Zeit _____ Ausbildung _____ wichtige _____.
8) Das Zimmer kostet 200 Euro pro Monat. Strom und Heizung _____ extra.

6. 完成下列对话。

1) — Ich möchte _____ _____ eröffnen.
   — Was möchten Sie? Wollen Sie _____ Sparkonto oder _____ Girokonto?
   — Ich _____ nicht. Was ist _____?
   — Wenn Sie sparen wollen, natürlich _____ Sparkonto. Das _____ höhere _____.

2) — Du Thomas! _____ ist das Studium hier?
   — Gut. Ich habe hier Freunde kennen gelernt.
   — Was _____ du eigentlich?

— Elektronik. Aber zurzeit beschäftige ich _____ _____ ein paar physischen Problemen.

— Wie _____ dauert das Studium noch?

— Sechs Monate. Danach _____ ich ein Praktikum _____ Siemens.

— Interessant. Ich _____ dir noch viel Glück!

7. 根据课文回答问题。

1) Warum will Li Gang ein neues Zimmer suchen?

2) Wie ist das Zimmer?

3) Wie teuer ist es? Was finden Sie? Ist es sehr teuer?

4) Wie lange wird Li Gang in diesem Zimmer wohnen?

5) Was für ein Konto möchte Li Gang? Warum?

6) Wann ist das Osterfest?

7) Was spielt zu Ostern eine wichtige Rolle?

8) Warum feiert man das Osterfest?

8. 汉译德。

1) 这间房有点小，但是舒适、安静，非常适合您。

2) 请您填一下表格。可以看一下您的证件吗?

3) 没有彩蛋的复活节难以想象。

4) 本月月末我们去度假。

5) 我想给我的父亲买一件复活节礼物。

6) 无论他来不来，我们现在得出发了。

Irren ist menschlich.

人非圣贤，孰能无过。

Wie gewonnen, so zerronnen.

有得必有失。

LEKTION 11

Text A: Auskunft auf der Straße

Text B: Kleider machen Leute

Grammatik:

1. 命令式
2. 指示代词dieser, diese, dieses和diese
3. 形容词的弱变化
4. 形容词的混合变化

Text A

Auskunft auf der Straße

Herr Schmidt: Entschuldigen Sie bitte, wie komme ich zum Goethe-Institut?

Passant 1: Goethe-Institut? Das habe ich noch nie gehört. Tut mir leid.

Herr Schmidt: Das macht nichts. Danke!

...

Herr Schmidt: Entschuldigung, ich bin fremd hier. Können Sie mir sagen, wo das Goethe-Institut ist?

Passant 2: Oh, in der Kantstraße, das liegt ziemlich weit von hier.

Herr Schmidt: Wie komme ich dorthin?

Passant 2: Da müssen Sie mit der U-Bahn fahren. Die U-Bahnhaltestelle befindet sich ganz in der Nähe. Also passen Sie auf! Gehen Sie bitte diese Straße entlang, immer geradeaus bis zur ersten

	Kreuzung, dann biegen Sie nach rechts ab! Da können Sie schon das blaue Schild der Haltestelle sehen. Von dort fahren Sie mit der Linie 6 zum Rathaus, steigen Sie dann in die Linie 3 um und fahren Sie fünf oder sechs Stationen bis zur Paulskirche!
Herr Schmidt:	Ist es noch weit?
Passant 2:	Nein, auf der linken Seite der Kirche ist es.
Herr Schmidt:	Ach, alles klar, zuerst Linie 6 bis zum Rathaus, dann Linie 3 bis zur Paulskirche, und dort ist dann das Goethe-Institut.
Passant 2:	Genau!
Herr Schmidt:	Das ist aber sehr nett von Ihnen. Vielen Dank!
Passant 2:	Gern geschehen!

Vokabeln

die Auskunft ⸚ e 答复，（打听到的）情况；问询处
die Straße -n 街道，路
das Institut -e 学院，研究所
 (Es) tut mir leid 很抱歉，很遗憾
 fremd Adj. 陌生的，不认识的；外国的
 * liegen 位于；平放着，平躺着
 ziemlich Adv. 相当
 dorthin Adv. 到那儿去
die Haltestelle -n 车站
 * sich befinden 位于，处于
die Nähe 附近，邻近
  auf/passen + auf A 注意；照看
  immer Adv. 始终，总是

 geradeaus Adv. 径直地，笔直地
die Kreuzung -en 十字路口，交叉路口
  ab/biegen 拐弯，转弯；使……变弯曲
  rechts Adv. 右侧，在右边
  blau Adj. 蓝色的
das Schild -er 牌子；商标
die Linie -n 线路，交通线；线条；排
das Rathaus ⸚ er 市政厅，市政大楼
  * um/steigen 转乘，换乘（车、船）
die Station -en 车站，站
die Kirche -n 教堂；教会
  links Adv. 左边的，左侧的
die Seite -n 边；面；页
  Gern geschehen! 别客气，不用谢！

Lektion 11

Texterläuterungen

1. Das macht nichts. 没关系。
2. Gehen Sie bitte diese Straße entlang... 请您沿着这条街前行……
3. Das ist aber sehr nett von Ihnen. 您真是太好了！
4. Gern geschehen! 不客气！

Text B

Kleider machen Leute

Kleider machen Leute—so lautet ein Sprichwort. Aber stimmt das wirklich? In einem dunklen Abendanzug sehen wir nicht so wie in einem bequemen Hausanzug aus. Wir fühlen uns auch verschieden. Also, Kleider machen schon Leute.

Einige Menschen glauben, sie brauchen viel Geld und einen Schrank voller Kleider, dann sind sie richtig gekleidet. Da irren sie sich aber! Nicht das Geld ist die Hauptsache. Wichtig ist: Was wir haben und wie wir gekleidet sind. Das hängt aber vom guten Geschmack ab.

Ins Büro gehen wir nicht in einem Abendkleid. Nicht jedes Hemd passt zu jedem Anzug, nicht jede Bluse zu jedem Rock. Zu einem dunklen Anzug gehört ein weißes Hemd. Zu einer Jacke können wir ein buntes Hemd tragen. Ein weißes Hemd passt fast zu jedem Anzug und bleibt immer modern. Wählen Sie auch den richtigen Schuh! Ein brauner Schuh passt zu Jacken und Jeans, nicht aber zu einem dunkelblauen oder schwarzen Abendanzug. Doch ein schwarzer Schuh sieht zu

jedem Anzug gut aus.

Noch etwas über die Farben. Grau passst zu vielen Menschen, auch Blau sieht gut aus. Braun macht oft alt und passt nicht zu jedem Menschen.

Richtig gekleidet zu sein bedeutet also: Mit Geschmack gekleidet sein. Ein wirklich elegantes Kleid ist immer einfach.

Vokabeln

das Kleid -er 女服，连衣裙；（复数）衣服
lauten 原话是，原意是
das Sprichwort ⸚er 谚语，俗语，成语
stimmen 正确，真实
wirklich Adv. 真的，的确
　　　　 Adj. 真实的，真正的
*aus/sehen 显得；似乎，好像
der Anzug ⸚e （整套）西装
der Abendanzug ⸚e 晚礼服
bequem Adj. 舒适的，舒服的
der Hausanzug ⸚e 家居服
sich fühlen 感觉，感到
verschieden Adj. 不同的
einige Num./Pron. 一些，几个
glauben 认为，以为；相信；信任
brauchen 需要
der Schrank ⸚e 橱，柜
voll Adj. 满的，装满的
richtig Adj. 正确的

sich irren 弄错，搞错
die Hauptsache -n 主要的事，关键的事
der Geschmack 味道；鉴赏力，审美观
das Büro -s 办公室
das Abendkleid -er 晚礼服（裙）
jeder/jede/jedes Pron. 每个，每人
das Hemd -en （男）衬衫
die Bluse -n （女）衬衫，（女）上衣
der Rock ⸚e 裙子
weiß Adj. 白色的
die Jacke -n 夹克
*tragen 穿着，戴着；提，背，抱
modern Adj. 时髦的，现代的
wählen 选择，挑选；选举
der Schuh -e 鞋
braun Adj. 棕色的，褐色的
die Jeans - 牛仔裤
schwarz Adj. 黑色的
grau Adj. 灰色的
bedeuten 意思是，意味着

Lektion 11

elegant *Adj.* 时髦的，雅致的
einfach *Adj.* 简单的，容易的；朴实的；单程的
faul *Adj.* 懒惰的
frisch *Adj.* 新鲜的

streng *Adj.* 严厉的，严格的
erzählen + A/vonD 讲述
* lassen 让，允许；让……保留

Texterläuterungen

1. Kleider machen Leute.
   人靠衣装。
2. Sie brauchen viel Geld und einen Schrank voller Kleider.
   他们需要许多钱和一个装满衣服的衣柜。
3. Da irren sie sich aber!
   这他们可错了！
4. Richtig gekleidet zu sein bedeutet also: Mit Geschmack gekleidet sein.
   正确的穿着意味着：穿得有品位。

Schlüsselwörter

1) liegen 位于；躺

S + V + Lok.

Das Kaufhaus liegt in der Schillerstraße./这家商场位于席勒大街。
Liegt mein Füller (der, - 钢笔) auf dem Schreibtisch?/我的钢笔在写字台上吗？
Frau Müller ist krank und liegt im Bett./米勒太太生病了，躺在床上。

2) sich befinden 位于，处于

S + V + Lok.

Mein Büro befindet sich in einem Haus im Stadtzentrum (das, ...tren 市中心).
我的办公室位于市中心的一栋房子里。

Befindet sich Mercedes Benz bei stuttgart?/奔驰在斯图加特吗？

Frau Klein befindet sich häufig auf Reisen./克莱因太太经常旅游。

3) auf/passen 当心，注意；照看

S + V (+P: auf A)

Passen Sie an der Kreuzung bitte genau auf!/十字路口请您注意安全！

Pass auf, dass dich niemand sieht!/注意不要让别人看到你！

Worauf muss ich aufpassen?/我得注意什么？

Wer passt auf die Kinder auf?/谁照看这些孩子？

4) steigen

S + V + Dir 爬，升

Ich steige sehr gern auf Berge(der, -e 山)./我喜欢爬山。

Ist Herr Meyer aus dem Auto gestiegen?/迈耶先生下汽车了吗？

S + V 上升

Die Temperatur steigt./温度上升。

Das Wasser ist hoch gestiegen./水涨高了。

Der Wert des Bildes steigt nicht./这幅画没升值。

ein/steigen 上车，进入……

S + V (+ P: in A)

Hans steigt in einen Bus ein./汉斯上了一辆公共汽车。

Wer ist durch das Fenster ins Haus eingestiegen?/谁从窗户爬进房子里的？

aus/steigen 下车，从……离开

S + V (+ P: aus)

Steigen Sie bitte aus dem Auto aus!/请您下车！

Steigen wir hier aus?/我们在这儿下车吗？

Er ist aus der Firma ausgestiegen./他从这家公司离职了。

Lektion 11

um/steigen 换车

S + V + Dir

Ich muss in Frankfurt umsteigen./我必须在法兰克福倒车。
Fährt dieser Zug bis Bonn durch, oder muss ich umsteigen?
这列火车直接到波恩，还是我得倒车？
Ist er vom Zug in ein Taxi umgestiegen?/他下了火车直接上了一辆出租车吗？

5) aus/sehen 看上去，（外表）看起来

S + V (+ Qual/Sub)

Sie sieht sehr jung aus./她看上去很年轻。
Er sieht genau aus wie sein Vater./他和他父亲很像。
Der Wagen sieht noch wie neu aus./车看起来还像新的一样。
Die Bluse sieht gut zu dem Rock aus./这件衬衫看起来很配这条裙子。

S + V + P: nach 似乎

Heute sieht es nach Regen aus./今天似乎要下雨。
Das sieht mir nach Betrug aus./这在我看来像是欺骗。

6) sich fühlen 感觉

S + V + Qual

Er fühlt sich sehr gesund./他觉得很健康。
Hast du immer noch Kopfschmerzen, oder fühlst du dich schon besser?
你还是老头痛，还是已经觉得好点了？
Ich fühle mich hier wie zu Hause./在这儿我觉得像在家里一样。
Wie fühlen Sie sich in dieser fremden Stadt?/在这所陌生的城市里您觉得怎样？

7) tragen 背，拿，提；穿

S + V + A

Er trägt einen Koffer in der Hand./他手里提着个箱子。
Trägst du die Briefe zur Post?/你去邮局寄信吗？
Ich kann das Kleid dieses Jahres nicht mehr tragen./我今年穿不上这条裙子了。
Er trägt seinen Ausweis stets bei sich./他一直随身带着证件。

Grammatik

1. 命令式 (Der Imperativ)

   命令式用于表达对别人的要求、请求、命令、指令、劝告、警告、愿望或禁令等。动词位于句首,句末一般加感叹号。

   命令式包括:单数和复数第二人称命令式、尊称Sie的命令式以及特殊命令式。

   1) 单数第二人称命令式

      由动词现在时的词干构成,须省去人称代词du。

      a) 弱变化动词及大部分强变化动词构成命令式时,动词词干后可以加词尾-e,也可不加。

fragen	Frag(e) ihn!
	(你)问他吧!
gehen	Geh(e) mit ihm!
	跟他一起去!
laufen	Lauf(e) schnell!
	快跑!
fahren	Fahr(e) nach Hause!
	回家去!

      b) 动词词干以-t, -d, -chn, -ffn, -tm, -dm等结尾的弱变化动词,构成命令式时必须加词尾-e。

bilden	Bilde Sätze!
	造句!
antworten	Antworte laut!
	大声回答!
rechnen	Rechne noch einmal!
	再算一遍!
öffnen	Öffne das Buch!
	把书打开!

      c) 单数第二、三人称需要换音的强变化动词,构成命令式时仍需换音,不加词尾-e。

nehmen	Nimm Platz!
	坐下!

Lektion 11

lesen	Lies den Text!
	读这篇课文！
sprechen	Sprich langsam!
	说慢点！
geben	Gib mir das Buch!
	把书给我！

2) 复数第二人称命令式

由动词现在时的词干加人称词尾-t/-et构成，与直陈式形式相同，须省去人称代词ihr。

gehen	Geht mit ihm!
	（你们）跟他一起去！
fahren	Fahrt nach Hause!
	回家去！
bilden	Bildet Sätze!
	造句！
antworten	Antwortet laut!
	大声回答！
nehmen	Nehmt Platz!
	坐下！
sprechen	Sprecht langsam!
	说慢点！

3) 尊称Sie的命令式

与直陈式形式相同，但动词居句首，句末为感叹号，语气上表示客气，可加bitte一词，bitte位置灵活，可放句中、句末，也可置于句首。

gehen	Gehen Sie bitte mit ihm!
	请您跟他一起去！
fahren	Bitte, fahren Sie nach Hause!
	请您回家去吧！

bilden	Bilden Sie Sätze!
	请您造句！
antworten	Antworten Sie laut, bitte!
	请您大声回答！
nehmen	Nehmen Sie bitte Platz!
	您请坐！
sprechen	Sprechen Sie bitte langsam!
	请您说慢点！

4) 动词haben和sein的特殊命令式

Hab keine Angst!	（你）别害怕！
Habt vielen Dank!	多谢（你们）！
Haben Sie Geduld!	您要有耐心！
Sei fleißig!	（你）要努力！
Seid ruhig!	（你们）安静！

Seien Sie so freundlich und machen Sie mir einen Platz frei!
劳驾，给我让个位子！

2. 指示代词dieser, diese, dieses和diese (Demonstrativpronomen „dieser, diese, dieses; diese")

指示代词dieser, diese, dieses, diese用于确指某人或某事，需重读，其指示作用比定冠词强，变格与定冠词相同，可作名词的定语，也可单独使用。

1) 指示代词的变格表

	单 数			复 数
	阳 性	中 性	阴 性	
第一格N	dieser Mann	dieses Kind	diese Frau	diese Leute
第四格A	diesen Mann	dieses Kind	diese Frau	diese Leute
第三格D	diesem Mann	diesem Kind	dieser Frau	diesen Leuten
第二格G	dieses Mannes	dieses Kindes	dieser Frau	dieser Leute

说明：指示代词dieser, diese, dieses, diese的最后一个字母和定冠词的最后一个字母一致，试比较：

Lektion 11

定冠词：

	阳性	中性	阴性	复数
N	der	das	die	die
A	den	das	die	die
D	dem	dem	der	den
G	des	des	der	der

指示代词的最后一个字母：

	阳性	中性	阴性	复数
N	-r	-s	-e	-e
A	-n	-s	-e	-e
D	-m	-m	-r	-n
G	-s	-s	-r	-r

2) 指示代词dieser, diese, dieses, diese的用法

  a) 用作名词定语

   Dieses Buch gefällt mir sehr gut./我很喜欢这本书。

   Gehen Sie bitte diese Straße entlang!/请您沿着这条街前行！

   Das Wetter in diesen Monaten ist sehr schön./这几个月的天气很好。

   Den Sohn dieses Lehrers kenne ich nicht./我不认识这位老师的儿子。

  b) 单独使用

   Hier sind zwei Wege: dieser führt zum Flughafen, jener zur Stadt.

   这儿有两条路，这条通往飞机场，那条通往城里。

3. 形容词的弱变化 (Die schwache Deklination des Adjektivs)

形容词用来表达事物的性质和特征，常用作名词定语，位于所修饰的名词前，必须随名词性、数、格的变化而进行相应变化。

与定冠词der, das, die；die，指示代词dieser, jener（那个），derselbe（同一个），疑问代词welcher，不定数词jeder, alle, beide连用的形容词进行弱变化。

1) 形容词弱变化表

	单数			复数
	阳 性	中 性	阴 性	
N	der junge Mann	das kleine Kind	die schöne Frau	die alten Eltern
A	den jungen Mann	das kleine Kind	die schöne Frau	die alten Eltern
D	dem jungen Mann	dem kleinen Kind	der schönen Frau	den alten Eltern
G	des jungen Mannes	des kleinen Kindes	der schönen Frau	der alten Eltern

说明：a) 形容词弱变化的词尾有两种：-e和-en，简单图示如下：

	单数			复数
	阳 性	中 性	阴 性	
N		-e		
A				
D				-en
G				

b) 指示代词dieser, jener，疑问代词welcher，不定数词jeder, alle, beide也有格的变化，要与后面名词的性、数、格保持一致，变格与定冠词相同。

c) 以城市名作定语时，在任何情况下只需在其后加词尾-er。

　　der Kölner Dom　　　zum Berliner Flughafen

d) 形容词的一些特殊变化：

　　dunkel　　　aber:　　die dunkle Straße

　　teuer　　　　　　　das teure Auto

　　hoch　　　　　　　der hohe Berg

例：

Siehst du das hohe Haus dort?/你看见那边那栋高楼了吗？

Den Vater dieses jungen Mannes kenne ich nicht./我不认识这个年轻人的父亲。

Er gibt jenen kleinen Kindern viele Bilder./他给那些小孩子许多图片。

Sie trägt dasselbe rote Kleid wie gestern./她穿着昨天的那条红裙子。

Jeder neue Anfang ist schwer./每一次新的开始都是困难的。

Zeigen Sie mir bitte alle deutschen Lehrbücher./请您给我看一下所有的德语教材。

Er hilft beiden jungen Leuten beim Studium./他帮助这两个年轻人学习。

Lektion 11

2) 疑问代词 welcher, welche, welches; welche

用疑问代词 welcher, welche, welches; welche 提问定冠词后的形容词定语，要与后面名词的性、数、格保持一致，变格与定冠词相同。

	单 数			复 数
	阳 性	中 性	阴 性	
N	welcher Mann	welches Kind	welche Frau	welche Eltern
A	welchen Mann	welches Kind	welche Frau	welche Eltern
D	welchem Mann	welchem Kind	welcher Frau	welchen Eltern
G	welches Mannes	welches Kindes	welcher Frau	welcher Eltern

说明：a) welch- 的第二格极少使用。

b) welch- 提问的是已知的人或物中的"哪一个"、"哪一种"或"哪一些"，回答时大多带定冠词或指示代词。

例：

Welches Kind lernt fleißig?/哪个孩子学习努力？

Das kleine Kind lernt fleißig./这个小孩儿学习努力。

Welchen Mantel wünschen Sie, **den** roten oder den blauen?

您想要哪件大衣，这件红色的还是蓝色的？

Ich wünsche **den** roten Mantel./我想要这件红色的大衣。

Bei **welcher** ausländischen Firma arbeitest du?/你在哪家外国公司工作？

Ich arbeite bei **dieser** deutschen Firma./我在这家德国公司工作。

4. **形容词的混合变化** (Die gemischte Deklination des Adjektivs)

形容词定语在不定冠词、物主代词和不定代词 kein 后的变化为混合变化。

1) 形容词混合变化表

	单数			复数
	阳性	中性	阴性	
N	ein alter Freund mein kein	ein kleines Kind mein kein	eine schöne Frau meine keine	meine alten Eltern keine
A	einen alten Freund meinen keinen	ein kleines Kind mein kein	meine schöne Frau meine keine	meine alten Eltern keine
D	einem alten Freund meinem keinem	einem kleinen Kind meinem keinem	einer schönen Frau meiner keiner	meinen alten Eltern keinen
G	eines alten Freundes meines keines	eines kleinen Kindes meines keines	einer schönen Frau meiner keiner	meiner alten Eltern keiner

说明：a) 形容词混合变化的词尾有四种：-er, -es, -e和-en，简单图示如下：

	单数			复数
	阳性	中性	阴性	keine/meine
N	-er	-es	-e	
A				
D		-en		
G				

b) 不定冠词只有单数形式，不定冠词后的形容词词尾在一格、四格时与定冠词变格词尾一致，二格、三格时变格同形容词的弱变化。

c) 不定代词kein及物主代词后的形容词定语的变格，单数与在不定冠词后相同，复数与形容词的弱变化相同。

例：

Ein guter Freund von mir lebt jetzt in Shanghai./我的一位好朋友现在住在上海。

Mein Sohn kann kein deutsches Lied singen./我儿子不会唱德语歌。

Seine guten Freunde haben ihn verlassen./他的好朋友都离开了他。

In der Nähe seines neuen Hauses liegt ein Park./他的新房子附近有一座公园。

Das Buch gehört einer chinesischen Studentin./这本书是一位中国大学生的。

Lektion 11

2) 疑问代词was für ein, was für eine, was für ein

用疑问代词was für ein, was für eine, was für ein提问不定冠词后的形容词定语，其中ein的变格与不定冠词相同，要与后面名词的性、数、格保持一致。

	单 数		
	阳 性	中 性	阴 性
N	was für ein Freund	was für ein Kind	was für eine Frau
A	was für einen Freund	was für ein Kind	Was für eine Frau
D	was für einem Freund	was für einem Kind	Was für einer Frau
G	was für eines Freundes	was für eines Kindes	Was für einer Frau

说明：1) was für ein-的第二格极少使用。

2) was für ein-中的für不是介词，不支配格。

3) was für ein-提问的是某人或某物的特性、特点，回答时用不定冠词。

例：

Was für ein Zimmer ist das?/这是一个什么样的房间？

Das ist ein kleines Zimmer./这是一个小房间。

Was für ein Buch möchten Sie?/您想要一本什么书？

Ich möchte ein deutsch-chinesisches Wörterbuch./我想要一本德汉词典。

Was für einer Frau hilft sein Bruder?/他兄弟帮助一位什么样的女士？

Er hilft einer alten Frau./他帮助一位老妇人。

In was für einem Haus wohnst du?/你住在一幢什么样的房子里？

Ich wohne in einem kleinen Haus./我住在一幢小房子里。

Übungen

1. 将下列句子改成命令句。

Beispiel:

Sie nehmen Platz. → Nehmen Sie bitte Platz!

1) Sie grüßen Ihre Eltern von mir.

2) Du hilfst der alten Frau bei der Arbeit.

3) Ihr erzählt uns etwas über das Leben dort.

4) Du arbeitest fleißig.

5) Sie geben uns die Hefte.

6) Ihr wartet noch einen Moment.

7) Sie setzen sich ans Fenster.

8) Du lässt deine Probleme zu Hause.

2. 填入动词命令式。

   1) Der Lehrer sagt:

   „_____ (nehmen) eure Hefte und _____ (übersetzten) den Text schriftlich (*Adj.* 书面的)!"

   2) Der Arzt sagt:

   „Herr Schulze, _____ (rauchen) nicht so viel und _____ (trinken) keinen Alkohol (der, -e 酒，酒精)!"

   3) Der Lehrer sagt:

   „Hans, _____ (kommen) an die Tafel (die, -n 黑板) und _____ (schreiben) das Wort noch einmal richtig."

   4) Thomas sagt:

   „Mein Füller schreibt nicht. Hans, _____ (sein) nett und _____ (geben) mir einen Füller."

3. 填入正确的指示代词。

   1) _____ Hausaufgaben sind ziemlich schwer.

   2) _____ Hemd steht Ihnen sehr gut.

   3) Gehen Sie über _____ Straße!

   4) Er kauft für seinen Sohn _____ Ball.

   5) In _____ Woche habe ich viel Arbeit.

   6) Der Lehrer _____ Kinder heißt Müller.

   7) Er hilft oft _____ Studentinnen.

   8) Die Farbe _____ Anzugs gefällt mir sehr. Ich nehme _____ Anzug.

Lektion 11

4. 填入正确的形容词词尾。

1) Die Wohnung seiner englisch_____ Lehrerin befindet sich nicht weit von hier.

2) Siehst du diese groß_____ Frau mit den süß _____ Kindern?

3) Den Gelb_____ Fluss entlang stehen viele Bäume.

4) Er mag keine frisch _____ Fische (der, -e鱼).

5) Er spricht mit den freundlich_____ Mitarbeitern über die schön_____ Stadt.

6) Sein klein_____ Sohn hilft dieser alt_____ Frau bei der Hausarbeit.

7) Warum trägst du einen rot _____ Mantel zu einer grün _____ Hose.

8) In der täglich _____ Arbeit und zu Hause ist er ein streng _____ Chef.

9) Er ist faul und interessiert sich nur für sein neu _____ Fahrrad.

10) Hier lernen alle chinesisch _____ Studenten fleißig.

5. 用welch-或was für ein-对划线部分提问。

1) Ich möchte einen <u>kleinen</u> Tisch kaufen.

2) Den <u>alten</u> Anzug trage ich nicht gern.

3) <u>Dem faulen</u> Schüler kann ich keine guten Noten (die, -n分数)geben.

4) Der <u>deutsche</u> Student spicht gut Englisch.

5) Von dieser <u>alten</u> Geschichte möchte ich nichts mehr hören.

6) Hans antwortet mir auf eine <u>interessante</u> Frage.

7) Ein <u>modernes</u> Auto steht hinter dem Haus.

8) Herr Hoffmann dankt <u>der jungen</u> Frau für die Hilfe.

6. 用下列单词造句。

1) die Mutter, ihr Kind, klein, eine Geschichte, interessant, erzählen.

2) wer, der Mann, alt, auf, aufpassen?

3) es gibt, in, diese Stadt, klein, keine Hochhäuser, schön.

4) du, welche Zeitungen, ausländisch, gern, lesen?

5) ich, morgen, meine Freundin, gut, mit, ins Kino gehen.

6) er, ein Student, deutsch, mit, das Kulturleben in Berlin, reich, über, sich unterhalten.

7. 完成下列对话。

1) A: _____ , wie _____ ich zum Rathaus?

B: Das ist ganz in der _____.

A: Kann ich zu Fuß dorthin gehen _____ fahre ich besser?

B: Das ist einfach. Gehen Sie bitte diese Straße _____ und bis _____ zweiten Kreuzung, dann gehen Sie _____ rechts. Auf der linken _____ ist das Rathaus.

A: _____ Dank _____ die Auskunft.

2) A: _____ Sie! _____ ist bitte die Paulskirche?

B: Sie _____ in der Schillerstraße.

A: Wie komme ich _____?

B: Nehmen Sie die U9 _____ zum Karlsplatz! Dort steigen Sie _____ die U5 um und fahren drei Stationen bis zur Haltestelle Schillerstraße. Dort steigen Sie aus. Die Paulskirche ist nicht mehr _____.

A: Danke schön!

B: _____ geschehen!

8. 回答问题。

1) Kleider machen Leute. Ist das Geld die Hauptsache?

2) Ist es immer schön, wenn man ein buntes Hemd trägt?

3) Was für ein Hemd passt zu jedem Anzug und bleibt immer modern?

4) Passt ein brauner Schuh zu einem dunkelblauen oder schwarzen Anzug?

5) Kann man schwarze Schuhe immer tragen?

6) Warum passt Braun nicht zu jungen Menschen?

7) Welche Farbe passt zu vielen Menschen, Grau oder Blau?

8) Wie sieht ein elegantes Kleid aus?

9. 汉译德。

1) 对不起，您能告诉我怎样到机场吗？

2) 很抱歉，我对这儿不熟。

Lektion 11

3) 他总是穿得很有品位。
4) 他今天穿着一件白衬衣，看上去很年轻。
5) 这家大商场就在歌德学院附近。
6) 你喜欢哪件西装？这件深蓝色的还是这件黑色的？
7) ——您想要一件什么样的衬衣？
   ——我想要一件黑衬衣。
8) 学习对于所有的年轻人来说都是件重要的事情。

Eile mit Weile.

欲速则不达。

Lügen haben kurze Beine.

谎言腿短。

LEKTION 12

Text A: Beim Arzt

Text B: Darf ich mich vorstellen?

Grammatik:

1. 形容词的强变化

2. 现在完成时

3. 动词haben，sein和werden的过去时

Text A

Beim Arzt

Frau Schmidt:	Guten Tag, Herr Doktor!
Arzt:	Guten Tag! Bitte nehmen Sie Platz. Na, was fehlt Ihnen denn?
Herr Schmidt:	Ich fühle mich schon seit einigen Tagen nicht wohl. Mein Hals tut mir weh, ich habe auch Kopfschmerzen und huste viel. Vielleicht habe ich mich in der letzten Woche bei einem Spaziergang erkältet.
Arzt:	Haben Sie Ihre Temperatur gemessen?
Frau Schmidt:	Ja, gestern Abend hatte ich 38,2 Grad Fieber, aber jetzt ist es in Ordnung.
Arzt:	Machen Sie bitte den Mund weit auf und sagen Sie „A-a-a"!
Frau Schmidt:	Aaa...
Arzt:	Ihr Hals ist ein wenig entzündet. Machen Sie bitte einmal

Lektion 12

den Oberkörper frei. Nun, atmen Sie tief ein! Jetzt halten Sie die Luft an, und dann ausatmen! Danke! Tja, Sie haben eine Erkältung.

Frau Schmidt: Herr Doktor, ist es schlimm?

Arzt: Keine Sorge, nicht so schlimm. Ich schreibe Ihnen ein Rezept. Holen Sie aus der Apotheke Medizin! Nehmen Sie dreimal täglich je zwei Tabletten. In 2 bis 3 Tagen sind Sie sicher wieder gesund.

Frau Schmidt: Soll ich noch auf etwas Besonderes aufpassen?

Arzt: Essen Sie viel Gemüse und Obst. Ziehen Sie sich warm an und ruhen Sie sich gut aus!

Frau Schmidt: Vielen Dank! Auf Wiedersehen

Arzt: Auf Wiedersehen! Gute Besserung!

Vokabeln

der Arzt ¨ e 医生
der Platz ¨ e 座位；广场；位置
   Nehmen Sie Platz! 您请坐！
   fehlen + D 缺少；缺席
   wohl *Adv.* 舒服；也许，大概
der Hals ¨ e 嗓子，咽喉；脖子
   weh *Adj.* 疼痛的；痛苦的
   es tut jdm. weh 某人觉得疼
der Kopfschmerz -en 头痛
   husten 咳嗽
   vielleicht *Adv.* 也许，大概
der Spaziergang ¨ e 散步
   sich erkälten 感冒，着凉
die Temperatur -en 温度

* messen 测量，衡量
gestern *Adv.* 昨天
das Fieber - 发烧
der Mund ¨ er 口，嘴
auf/machen 打开
entzündet *Adj.* 发炎的
der Oberkörper - 上半身
ein/atmen 吸入
tief *Adj.* 深的；低沉的
* an/halten 使停止；停住
die Luft ¨ e 空气
aus/atmen 呼出
die Erkältung -en 感冒，着凉
schlimm *Adj.* 糟糕的；严重的

die Sorge -n 忧虑，担心；照料，关心
das Rezept -e 药方
die Apotheke -n 药房
   holen 取来，请来
die Medizin -en 药物；医学
   täglich *Adj.* 每天的，日常的
   je *Adv.* 每，各；曾经
die Tablette -n 药片
   sicher *Adv.* 肯定地，当然
        Adj. 稳定的；确定的；安全的
   gesund *Adj.* 健康的
* sich an/ziehen 穿，穿衣；吸引
   warm *Adj.* 暖和的，热的
   sich aus/ruhen 休息

Texterläuterungen

1. Was fehlt Ihnen denn? 您哪儿不舒服？您怎么了？
2. Aber jetzt ist es in Ordnung. 但是现在正常了。
3. Machen Sie bitte einmal den Oberkörper frei! 请您把上衣解开！
4. Muss ich noch auf etwas Besonderes aufpassen? 我还要特别注意什么吗？
5. Gute Besserung! 祝早日恢复健康！
   Gute Erholung! 祝您休息好！

Text B

Darf ich mich vorstellen?

Guten Tag! Darf ich mich vorstellen? Ich bin der Euro. Sie haben sicher schon von mir gehört. In 23 Ländern der Europäischen Union bin ich das offizielle Zahlungsmittel. Seit dem 1. Januar 2002 zahlen mehr als 300 Millionen Menschen ihre kleinen und großen Rechnungen mit mir. Sie sehen: Ich bin nicht ganz unwichtig.

Lektion 12

Bitte, was sagen Sie? Ich bin noch sehr jung? Das stimmt. Aber so jung, wie Sie glauben, bin ich nun auch wieder nicht. Die Idee einer gemeinsamen europäischen Währung wurde nämlich schon 1970 geboren. „Europäische Wirtschafts- und Währungsunion", so hat man das Projekt damals genannt.

Ob mich die Leute mögen? Na ja, ich gebe zu, am Anfang war ich nicht besonders beliebt, vor allem bei den Deutschen. „Wir wollen keinen weichen Euro, wir wollen lieber unsere harte Deutsche Mark!", haben sie gesagt. Viele hatten Angst vor steigenden Preisen und waren sicher: „Der Euro wird ein 'Teuro'!"

Inzwischen finden die meisten Menschen die gemeinsame Währung aber stabil und praktisch und freuen sich über ihre Vorteile. Beim Reisen in „Euroland" muss man kein Geld mehr wechseln und kann die Preise viel besser vergleichen als früher. Ich denke, die Mehrheit hat sich an mich gewöhnt.

Tja, nun haben Sie mich und meine acht Münzen und sieben Scheine kennen gelernt. Vielleicht begegnen wir uns ja mal wieder?

Also dann: Tschüs! Es war nett, mit Ihnen zu reden.

Vokabeln

sich(A) vor/stellen 自我介绍
der Euro - 欧元
die Europäische Union 欧盟
offiziell *Adj.* 官方的，正式的
das Zahlungsmittel - 支付手段
zahlen 支付，付款
mehr als 超过

die Rechnung -en 账单；计算
unwichtig *Adj.* 不重要的
gemeinsam *Adj.* 共同的，公共的
die Währung -en 货币
nämlich *Adv.* 因为；即
geboren sein 出生于
das Projekt -e 项目，工程

damals *Adv.* 那时，当时

* nennen 称呼，把……叫做；说出

* zu/geben 承认，供认

weich *Adj.* 软的；温和的

lieber *Adv.* 宁愿；更喜欢

hart *Adj.* 坚硬的，坚挺的；艰苦的

die D-Mark - 德国马克

die Angst ¨e 害怕；担忧

der Preis -e 价格；奖励

inzwischen *Adv.* 在此期间

stabil *Adj.* 稳定的，坚固的

praktisch *Adj.* 实际的，实用的

sich freuen + über A/auf A 对……感到高兴，感到愉快

der Vorteil -e 优点，长处；利益

das Euroland 欧元区

wechseln 兑换；替换，更换

* vergleichen 比较，对比

als *Konj.* 与……相比

früher *Adv.* 以前，从前

* denken 思考；认为；想念

die Menschheit 人类

sich gewöhnen + an A 习惯

die Münze -n 硬币

der Schein -e 钞票，纸币；证明

begegnen +D 遇见，碰见

reden 说话，谈话；演说

Texterläuterungen

1. Aber so jung, wie Sie glauben, bin ich nun auch wieder nicht.
   但是我也不是您想象的那么年轻。
2. Die Idee einer gemeinsamen europäischen Währung wurde nämlich schon 1970 geboren.
   因为在1970年就已经诞生了建立一个共同的欧洲货币体系的想法。
3. der Teuro –s 由teuer和Euro组合而成
4. Es war nett, mit Ihnen zu reden. 很高兴跟您谈话。

Schlüsselwörter

1) fehlen 缺少，缺席

   S + V + D

In diesem Buch fehlen zwei Seiten./这本书缺两页。

Hans hat wegen Krankheit seit einer Woche in der Schule gefehlt.

Lektion 12

汉斯因为生病一周没上学了。
Sind alle da? —Nein, Yang fehlt. Er ist krank.
所有人都到了吗？——不，杨还没来。他生病了。
Was fehlt Ihnen denn? —Ich habe Halsschmerzen.
您究竟哪儿不舒服？——我嗓子疼。
Haben Sie schon alles? —Nein, mir fehlt noch das Flugticket.
您是不是什么东西都齐备了？——不，我还没有机票。

Es fehlt an D 缺少，不足
Es fehlt hier an Lehrern./这儿缺老师。
Es fehlt ihm an Fleiß./他不够勤奋。
An Geld fehlt es mir gar nicht./我根本不缺钱。

2) auf/machen 打开

S + V + A

Er macht den Mund auf./他张开嘴。
Wer hat meinen Brief aufgemacht?/谁把我的信拆开了？
Darf ich die Tür aufmachen?/我可以把门打开吗？
Wann haben Sie den Laden aufgemacht?/您什么时候开的商店门？

3) an/ziehen 穿衣

S + V + A/sich

Die Mutter zieht ihr kleines Kind an./母亲给她的孩子穿衣服。
Ich ziehe mich zum Ausgehen an./我穿上衣服出门。
Das Kind kann sich noch nicht allein anziehen./这个孩子还不会自己穿衣服。
Ziehen Sie sich bitte warm an!/请您穿暖和些！

S + V (+ D/sich) +A

Die Mutter zieht dem Kind eine Jacke an./母亲给孩子穿上一件夹克。
Was hast du dir angezogen? —Einen warmen Wintermantel.
你穿了件什么？——一件暖和的棉大衣。

Warum zieht Hans keine Handschuhe an?/汉斯为什么不戴手套？

4) vor/stellen

S + V (+ D) +A/sich　介绍；自我介绍

Darf ich Ihnen Herrn Braun vorstellen?/我可以给您介绍布朗先生认识吗？

Darf ich mich vorstellen? Mein Name ist Karin Schneider.

我可以介绍一下自己吗？我叫卡琳·施奈德。

Er hat sich mir noch nicht vorgestellt./他还没给我作自我介绍。

Ich stelle dem Chef einen neuen Mitarbeiter vor./我给领导介绍了一位新同事。

sich(D) vor/stellen + A　想象

Stellen Sie sich meine Überraschung vor!/请您设想一下我的吃惊程度！

Sie können sich ja nicht vorstellen, wie schwer es die Leute dort haben.

您无法想到，那儿的人生活多艰难。

Kannst du dir das vorstellen?/你能想的到吗？

Ich kann mir gut vorstellen, wie schnell Hans läuft./我可以想象，汉斯跑得有多快。

5) nennen

S + V (+ D) +A　列举

Nennen Sie mir bitte einige Großstädte von Deutschland!

请您给我列举几个德国大城市的名字！

Können Sie mir Beispiele dafür nennen?/对此您能给我举几个例子吗？

Warum hast du mir die falsche Telefonnummer genannt?

你为什么告诉我错误的电话号码？

Hat er die Adresse richtig genannt?/他说的地址对吗？

S + V + A + A　把……称作……

Wie kannst du unseren Freund einen Fremden nennen?

你怎能把我们的朋友称作是陌生人呢？

Wir nennen ihn Karl./我们叫他卡尔。

Lektion 12

Wie wollen wir das Kind nennen?/我们要给孩子起什么名字呢？

Man nennt Weihnachten auch ein Fest für Kinder.

人们把圣诞节也称作是儿童的节日。

6) freuen 感到高兴

S + V + A

Dein Besuch hat mich sehr gefreut./对你的来访我感到很高兴。

Es freut mich, dass du auch mitkommst./你也来了，令我很高兴。

Was freut Sie? —Es freut mich, Sie kennen zu lernen.

是什么令您高兴呢？——我很高兴认识您。

sich freuen

über A/auf A

Ich freue mich über Ihren Besuch./我很高兴你的来访。

Er freut sich auf die Chinareise im nächsten Monat./他很高兴下个月去中国旅游。

Ich habe mich sehr darüber gefreut, dass wir uns endlich kennen gelernt haben.

我很高兴，我们终于认识了。

Ich freue mich, Sie wiederzusehen./我很高兴再见到您。

7) denken 想，思考

S + V (+A)

Thomas ist faul und denkt nicht gern./托马斯很懒，并且不爱思考。

Das habe ich gar nicht gedacht./这一点我根本没想到。

Ich denke, er kommt heute nicht./我想，他今天不会来。

S + V + P: an A

Hans denkt oft an seine Eltern./汉斯经常想念他的父母。

Du sollst mehr an deine Familie denken./你应该更多考虑你的家庭。

Woran haben Sie gedacht?/您想什么呢？

8) sich gewöhnen 习惯于……

S + V + P: an A

Ich habe mich schon an das Leben hier gewöhnt./我已经习惯这儿的生活了。

Woran kannst du dich nicht gewöhnen? —Das Essen in Deutschland.

你对什么还不习惯？——德国的饮食。

Haben Sie sich an die neue Wohnung gewöhnt?/您已经习惯住在这套新房子里了吗？

9) begegnen 碰上，遇见

S + V + D/sich

Wir sind uns gestern in der Stadt begegnet./我们昨天在城里碰上了。

In dieser kleinen Stadt begegnet man sich oft./在这座小城里人们经常碰面。

Auf dem Weg nach Hause begegne ich einem alten Freund.

我在回家的路上遇到了一位老朋友。

Grammatik

1. 形容词的强变化 (Die starke Deklination des Adjektivs)

形容词定语前面没有冠词和代词时，形容词进行强变化，形容词强变化的词尾是示性词尾，即表示名词的性、数、格。

1) 形容词强变化表

	单数			复数
	阳性	中性	阴性	
N	grüner Tee	kaltes Wasser	warme Milch	junge Leute
A	grünen Tee	kaltes Wasser	warme Milch	junge Leute
D	grünem Tee	kaltem Wasser	warmer Milch	jungen Leuten
G	grünen Tees	kalten Wassers	warmer Milch	junger Leute

说明：a) 形容词强变化的词尾有五种：-er, -es, -e, -en和-em，除阳性和中性单数二格外，其余均与定冠词的变格词尾相同，简单图示如下：

Lektion 12

	单数			复数 keine/meine
	阳性	中性	阴性	
N	-er	-es	-e	-e
A	-en	-es	-e	-e
D	-em	-em	-er	-en
G	-en	-en	-er	-er

b) 不定数词 einige, mehrere（一些，若干）, viele, wenige 等，疑问代词 wessen 以及2和2以上的基数词后的形容词也进行强变化。

c) 不定数词也有格的变化，要与后面名词的性、数、格保持一致，变格与定冠词相同。

例：

Herr Li wartet auf alte Freunde./李先生在等老朋友。

Nur wenige lange Sätze verstehe ich nicht./只有很少几个长句子我不明白。

Er möchte vier rote Füller kaufen./他想买四支红钢笔。

Heute kommen einige deutsche Professoren zu mir./今天有几个德国教授来我家。

Ich helfe mehreren chinesischen Studenten beim Deutschlernen.
我帮助一些中国学生学德语。

Mit wessen altem Auto wollt ihr nach Italien fahren?/你们想坐谁的老汽车去意大利？

2) 用疑问代词 was für 提问强变化的形容词

例：

Was für Milch schmeckt dir sehr gut?/你觉得什么样的牛奶味道很好？

Mir schmeckt warme Milch sehr gut./我觉得热牛奶味道很好。

Was für Tee trinken Sie gern?/您喜欢喝什么茶？

Ich trinke gern grünen Tee./我喜欢喝绿茶。

Mit was für Wasser wäschst du dir die Hände? (waschen 洗)/你用什么水洗手？

Ich wasche mir die Hände mit kaltem Wasser./我用凉水洗手。

An was für Tagen gehen Sie gern spazieren?/您喜欢什么日子去散步？

An schönen Tagen gehen wir gern spazieren./我喜欢天气好的时候去散步。

2. 现在完成时 (Das Perfekt)

现在完成时表示现在已经完成的动作或状态。它在时间概念上虽属过去，但其影响至今存在或与现在有联系，常用于日常会话中。

1) 现在完成时的构成：

助动词haben或sein的人称变位形式+动词的第二分词

Was **hast** du heute **gemacht?**
Wann **bist** du heute **aufgestanden?**

a) 第二分词的构成：

规　则	例　词
弱变化动词：ge-+词干+-t	lernen→gelernt fragen→gefragt machen→gemacht
动词词干以-t, -d, -chn, -ffn, -gn, -tm, -dm等结尾的弱变化动词：ge-+词干+-et	bilden→gebildet arbeiten→gearbeitet öffnen→geöffnet rechnen→gerechnet
强变化动词：ge-+词干+-en构成，有些动词词干须变换元音，个别还须变换辅音	kommen→gekommen stehen→gestanden nehmen→genommen essen→gegessen
混合变化动词：ge-+词干+-t构成，同时变换词干元音，个别还须变换辅音	bringen→gebracht kennen→gekannt denken→gedacht
所有不可分动词都不加ge-，即：不可分前缀+去掉ge-的根动词的第二分词	versuchen→versucht bearbeiten→bearbeitet entstehen→entstanden erkennen→erkannt
所有可分动词：可分前缀+ge-+根动词的第二分词	aus/arbeiten→ausgearbeitet auf/stehen→aufgestanden an/erkennen→anerkannt
所有以-ieren结尾的外来语动词，第二分词不加ge-，即：词干+-t	studieren→studiert probieren→probiert telefonieren→telefoniert

Lektion 12

haben, sein, werden的第二分词：

haben→gehabt   sein→gewesen   werden→geworden

情态动词的第二分词：

können→gekonnt   dürfen→gedurft   sollen→gesollt
wollen→gewollt   müssen→gemusst   mögen→gemocht

b) 用sein构成完成时的动词包括：

所有表示运动、移动的不及物动词：

Wir sind gestern Abend spazieren gegangen. (spazieren gehen)
我们昨天晚上去散步了。
Ist er auch in die Stadt gefahren? (fahren)/他也进城了吗？
Sie sind nach Hause gegangen. (gehen)/他们回家去了。

所有表示状态变化的不及物动词：

Wann sind Sie in Beijing angekommen? (ankommen)/您什么时候到的北京？
Sie ist schon eingeschlafen. (einschlafen)/她已经睡着了。
Das Kind ist im letzten Jahr sehr gewachsen. (wachsen)/去年这个小孩长高了很多。

动词sein，werden和bleiben：

Gestern ist er bei seinem Freund gewesen. (sein)
昨天他在他朋友那里。
Er ist schon Arzt geworden. (werden)/他已经成为了医生。
Wir sind schon drei Jahre in Berlin geblieben. (bleiben)
我们已经在柏林待了三年了。

c) 用haben构成完成时的动词包括：

所有及物动词：

Er hat mir ein Buch gebracht. (bringen)/他给我带来一本书。
Wer hat die Tür geöffnet? (öffnen)/谁把门打开的？
Vor zehn Jahren habe ich Herrn Schmidt kennen gelernt. (kennen lernen)
十年前我就认识了施密特先生。

所有反身动词：

Mein Bruder hat sich über das Buch gefreut. (sich freuen)
我兄弟对得到这本书感到很高兴。

Hast du dich noch an deinen alten Freund erinnert? (sich erinnern)
你还记得你的老朋友吗？
Wir haben uns auf die Prüfung gut vorbereitet. (sich vorbereiten)
我们已经为考试做好准备了。

所有情态动词：
当情态动词作独立动词用时，完成时形式如下：
Ich habe das Lied früher gekonnt. (können)/我以前会唱这首歌。
Sie haben es damals nicht gewollt. (wollen)/他们那时候不愿意这么做。
Gestern hat Monika nach Hause gemusst. (müssen)/昨天莫尼卡不得不回家。
当情态动词作助动词用时，情态动词则以不变形式（原形）位于句末。
Früher habe ich das Lied singen können. (können)/以前我会唱这首歌。
Sie haben es damals nicht tun wollen. (wollen)/他们那时候不愿意这么做。
Gestern hat Monika nach Hause gehen müssen. (müssen)/昨天莫尼卡不得不回家。

表示行为的延续或状态的不及物动词：
Haben Sie gut geschlafen? (schlafen)/您睡得好吗？
Gestern haben sie sehr gut gearbeitet. (arbeiten)/昨天他们工作得很好。
Wie lange hast du in Berlin gewohnt? (wohnen)/你在柏林住多久了？

2) 现在完成时的用法
表明过去发生并已完成的动作，但其影响至今仍存在。
Ich habe meine Arbeit beendet./我结束了我的工作。
Sie ist zur Arbeit gegangen./她已经上班去了。
Ich kann Englisch, denn ich habe in der Schule gelernt.
我会英语，因为我在学校学过。
Gestern hat es den ganzen Tag geregnet./昨天整天下雨。

代替第二将来时，表示预计将来要完成的事情。
Morgen Abend habe ich meine Arbeit beendet./明天晚上我将要完成我的工作。
Bis Montag ist sein Freund schon in Shanghai angekommen.
星期一以前他的朋友会到达上海。

Lektion 12

3. 动词haben, sein和werden的过去时 (Das Präteritum von „haben", „sein" und „werden")

过去时用来说明行为动作在说话前已完成，时间意义上与现在完成时相同，但后者主要用于口语中，而过去时多用于书面语，尤其用在叙述和新闻报道中。

1) 动词haben, sein和werden过去时的构成

	sein	haben	werden
ich	war	hatte	wurde
du	warst	hattest	wurdest
er/es/sie	war	hatte	wurde
wir	waren	hatten	wurden
ihr	wart	hattet	wurdet
sie	waren	hatten	wurden
Sie	waren	hatten	wurden

2) 动词haben, sein和werden过去时的用法

　　口语中常用sein, haben的过去时来代替他们的现在完成时，特别是句子中出现表示过去的时间说明语。

Er war bei mir./他刚才在我这儿。

Gestern war Montag./昨天是星期一。

Es war einmal ein König, der hatte eine Tochter./从前有一个国王，他有一个女儿。

Ich hatte gestern Geburtstag./我昨天过生日。

Professor Müller hatte damals ein Haus auf dem Land.

那时米勒教授在农村有一幢房子。

Im Jahr 1999 wurden wir Freunde./1999年我们成了朋友。

Herr Baumann wurde am 27. Oktober 1946 in Berlin geboren.

鲍曼先生1946年10月27日出生于柏林。

143

Übungen

1. 填入正确的形容词词尾。

   1) Er isst gern frisch_____ Brot (das -e面包).

   2) In der Bibliothek gibt es viel_____ deutsch_____ Bücher.

   3) Das Hemd in rot _____Farbe gefällt mir sehr.

   4) Bei schlecht_____ Wetter bleiben sie zu Hause.

   5) Er hat wenig_____ gut_____ Freunden von seinem Leben in Deutschland erzählt.

   6) Sie sind fleißig_____ Studenten.

   7) In diesem Sommer bin ich durch mehrer_____ europäisch_____ Länder gereist.

   8) Vor kurz_____ Zeit habe ich Brigitte in Köln gesehen.

   9) Er hat zu viel kalt_____ Wasser getrunken.

   10) Das sind Bücher einig_____ chinesisch_____ Studenten.

2. 用所给的形容词回答问题。

   1) was für Tee ist das? (grün/schwarz)

   2) Was für Bücher hast du gekauft? (chinesisch/englisch)

   3) Was für Kaffee trinken Sie? (stark/heiß)

   4) Was für Geld ist das? (französich/deutsch)

   5) Mit was für Tinte (die, -n墨水) schreibt er? (rot/blau)

   6) In was für Zimmern wohnen die Studenten? (groß/ hell)

3. 填入正确的形容词词尾。

   1) Ich schreibe an zwei Herren und beginne meinen Brief mit: sehr geehrt_____ Herren!

   2) An einen Herrn und eine Dame schreibe ich immer: Sehr geehrt_____ Frau König! Sehr geehrt_____ Herr Meier!

   3) An meine Eltern oder an meine Freunde schreibe ich: Lieb_____ Vater! Lieb_____ Mutter! Lieb_____ Eltern! Lieb_____ Freund! Lieb_____ Freundin! Lieb_____ Freunde! Lieb_____ Peter! Lieb_____ Anna!

Lektion 12

4) Meine Mutter schreibt mir: Lieb_____ Sohn! Lieb_____ Kind! Lieb_____ Tochter!

5) Ich schließe den Brief: Mit freundlich_____ Grüßen. Mit freundlich_____ Gruß(der, ∺e致意，问候).

6) Nur einen Brief an meine Eltern oder an meine Freunde schließe ich: Mit herzlich_____ Gruß. Mit herzlich_____ Grüßen.

4. 请将下列句子改写成现在完成时。

   1) Sprechen Sie mit meinem Vater?
   2) Er bildet einige lange Sätze.
   3) Ich bleibe drei Tage in Bonn.
   4) Wie lange studierst du Deutsch?
   5) Die Uhr liegt auf dem Tisch.
   6) Der Schüler liest den Text noch einmal.
   7) Herr Wang darf kein Bier trinken.
   8) Meine Eltern machen eine Reise und fahren nach Italien.
   9) Er nennt mir einige Großstädte in Deutschland.
   10) Auf einer Party lernt sie ihren Mann kennen.

5. 用所给动词的现在完成时填空。

   Gestern war Samstag. Um 7 Uhr morgens _____ ich erst _____ (auf/stehen). Ich _____ mich _____ (waschen) und mein Zimmer in Ordnung _____ (bringen). Um 7.30 Uhr _____ ich _____ (frühstücken 吃早餐). Ich _____ ein Brötchen _____ (essen) und Milch _____ (trinken). Dann _____ ich einen Brief an meine Eltern _____ (schreiben). Um 10 Uhr _____ ich mit dem Bus zum Bahnhof _____ (fahren). Vor dem Bahnhof _____ ich meine Studienfreund Wang Ping _____ (treffen). Ich _____ ihn schon lange nicht _____ (sehen). Wir _____ uns über das Studium an der Universität _____ (unterhalten). Danach _____ ich von ihm Abschied (der, -e 告别，离别)_____ (nehmen). Ich _____ in den Wartesaal (der säle候车厅)_____ (gehen) und _____ auf die Ankunft des Zuges _____ (warten). Endlich _____ der Zug _____ (an/kommen). Meine Schwester _____ aus dem Zug _____ (aus/steigen). Wir _____ schnell den Bahnhof _____ (verlassen). Beim Mittagessen _____ mir meine Schwester von ihrem Urlaub _____ (erzählen). Nach dem Essen _____ wir im Park _____ (spazieren gehen). Am Abend _____ uns unser Onkel zum Essen im Restaurant _____ (ein/laden). Früher _____ er uns viel _____ (helfen). Wir _____ ihm dafür sehr _____ (danken). Um 9 Uhr _____ wir zu Hause _____ (sein). Um 11 Uhr _____ wir ins Bett _____ (gehen).

6. 用haben，sein和werden的过去时填空。

   1) Wann _____ du gestern schon zu Hause?
   2) Ich _____ keine Fragen.
   3) Wir _____ gestern zwei Stunden Deutschunterricht.
   4) Wann _____ du in Beijing geboren?
   5) _____ ihr in Deutschland?
   6) Vor einem Monat _____ es um 6 Uhr schon dunkel.

7. 完成下列对话。

   A: _____ Tag, Herr Doktor.
   B: Guten Tag! Was _____ Ihnen?
   A: Ich _____ mich ziemlich schwach. _____ ein paar Tagen habe ich Kopfschmerzen.
   B: _____ Sie Fieber?
   A: Ich glaube ja.
   B: Lassen wir Ihnen die Temperatur _____! Ach ja, Sie haben Fieber, 37,8 Grad. Haben Sie noch andere Beschwerden(Pl. 疼痛)?
   A: Ich habe auch Husten, aber nicht viel.
   B: Nun, machen Sie Ihren Oberkörper _____ ! Atmen Sie bitte tief! Danke, die Lungen sind _____ Ordnung. Sie haben nur eine Grippe (die 流感).
   A: Wie lange kann es dauert?

Lektion 12

B: Keine _____, bald werden Sie wieder _____. Ich schreibe Ihnen ein _____ und geben Ihnen eine Spritze (die, -n 注射，打针)gegen das Fieber. Das Medikament _____ Sie dreimal täglich zwei. Außerdem brauchen Sie Bettruhe (die 卧床休息).

A: Vielen Dank, Herr Doktor! _____ Wiedersehen!

B: Gute _____! Wiedersehen!

8. 根据课文回答问题。

1) Wie viele Länder führen den Euro als die offizielle Zahlungsmittel ein?

2) Seit wann zahlt man seine Rechnungen mit dem Euro?

3) Ist der Euro von Anfang an bei den Deutschen beliebt?

4) Wie findet man den Euro jetzt?

5) Welche Vorteile hat der Euro?

6) Wie viele Münzen und Scheine haben wir im Text kennen gelernt?

9. 汉译德。

1) 我感冒好几天了，一直觉得不舒服。

2) 我可以给您介绍我的好朋友米勒先生吗?

3) 这位年轻的教授很受外国学生欢迎。

4) 你已经适应在德国的生活了吗?

5) 我在上班的路上碰到了我的老同学(der Studienfreund -e)。我们有十多年没见了。

6) 彼得来北京才一年，就已经认识许多中国朋友了。

7) 我已经用热水洗过手了。

8) 只有很少几个年轻人觉得这本书有趣。

Wie die Saat, so die Ernte.

种瓜得瓜，种豆得豆。

Ende gut, alles gut.

结局好，一切都好。

参考译文

Lektion 1

1. ——早上好! ——早上好!
2. ——您好，我叫Walter Mann! ——您好，我是Jutta Bauer。
3. ——这是Hans，这是Julia。 ——你好Hans!
   ——您好Julia!
4. ——再见，明天见! ——再见，明天见!

Lektion 2

1. ——您好！我叫李刚。 ——什么?
   ——我的名字是李刚。请问您的名字是什么?
   ——张明。
2. ——晚上好! ——晚上好！请问您叫什么?
   ——我叫Schneider。您呢? ——Kittmann。
3. ——这是谁? ——这是来自德国的Schneider先生。
   ——那这位女士呢？她是谁? ——Bauer女士。
4. ——您是Schmidt先生吗? ——是的，我的名字是Karl Schmidt。
   ——您来自德国吗? ——不，来自瑞士。

Lektion 3

1. ——您好，张女士！您情况怎样? ——谢谢，很好。您呢?

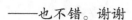

——也不错。谢谢。

2. ——是你啊，Gabi！你情况怎样？　　——不坏。你呢？

　　——谢谢，还可以。

3. ——你好，Julia！　　　　　　　　——你好，Helga！这里的生活怎样？

　　——很好。

4. ——这是什么？　　　　　　　　　——这是一盏灯。

　　——那这个呢？　　　　　　　　　——这是一支圆珠笔。

Lektion 4

1. ——我们有家庭作业吗？　　　　　——是的。请做练习6并读课文2。

2. ——您有电话吗？　　　　　　　　——是的，手机，号码为138 7645 3962。

3. ——我们今天去波恩。你一起去吗？——不，我没时间。

　　——为什么？你今天又没课。　　——是的，没课。但我有其他的安排。

4. ——这个用德语怎么说？　　　　　——Bleistift。

　　——那这个呢？　　　　　　　　　——这个叫Heft。

Lektion 5

1. 您来自哪里？

　　A：请问您来自哪里？　　　　　　B：我来自美国。

　　A：您在这儿做什么？工作吗？　　B：不，我不工作，我读大学。

　　A：您学习什么？　　　　　　　　B：日耳曼语言文学。

　　A：那您住在哪里？　　　　　　　B：在学生宿舍。

　　A：谢谢。

2. 这是谁？

　　A：这个男人是谁？　　　　　　　B：这是Fischer先生。

　　A：他来自哪里？　　　　　　　　B：来自法兰克福。

　　A：他的职业是什么？　　　　　　B：他是技术人员。

　　A：那他多大了？　　　　　　　　B：25岁。

　　A：他结婚了吗？　　　　　　　　B：没有，单身。

　　A：他在北京多久了？　　　　　　B：3个月。

Lektion 6

Text A

您 好!

Meier先生在火车站遇见了Schneider先生。

Meier先生： 您好，Schneider先生！

Schneider先生：您好，Meier先生！

Meier先生： 您一切都好吧？

Schneider先生：谢谢，不错。您呢？

Meier先生： 谢谢，还可以。您从什么地方来？

Schneider先生：我从德累斯顿来。

Meier先生： 您去往哪里？

Schneider先生：去慕尼黑。

Meier先生： 您住在慕尼黑吗？

Schneider先生：是的，我现在住在慕尼黑。

Meier先生： 您也在那里工作吗？

Schneider先生：是的，我在西门子工作。那您呢，您做什么？

Meier先生： 我从柏林来，现在正去往汉堡，明天回家。

Schneider先生：对不起，Meier先生，我的火车！再见！

Meier先生： 再见！祝旅途愉快！

Text B

米勒一家

米勒（Müller）先生来自杜塞尔多夫。他42岁，已婚。他的夫人叫Anna，38岁。他们有两个孩子，一个儿子、一个女儿。他们现在在莱比锡生活。

米勒先生是工程师。他早晨6点半起床。上班时间是8点钟。7点钟他离开家。他乘公共汽车，行程大约40分钟，然后再步行5到10分钟。他每天工作8个小时。

米勒太太是售货员。她工作半天，然后去买东西，给家人做饭。

他们的儿子叫Hans。他12岁，还在上小学。他很勤奋。女儿叫Maria，她才5岁，还在上幼儿园。她很漂亮。

Lektion 7

Text A

现在几点了?

1. 几点钟了?

    A:对不起,请问几点了?

    B:稍等。3点差一刻,——不对,我的表停了。

    A:您能不能告诉我几点了?

    C:5点。

    A:什么,已经这么晚了!我又迟到了。

2. 在火车站

    A:请问,开往法兰克福的火车几点出发?

    B:8点15。——8点一刻。

    A:那它几点钟到法兰克福?

    B:10点半。

    A:几点?

    B:10点30分。

    A:谢谢。

3. Felix 和 Maria 打电话

    Felix: 你好,Maria!我是Felix。

    Maria: 你好,Felix!有什么事吗?

    Felix: 听着,我明天去你那里。飞机两点钟抵达。

    Maria: 好的。那我到时去机场接你。

Text B

一次郊游

李刚和张明是好朋友。他们现在一起在波恩大学读书。李周末想去郊游,他去问张明:

李刚:你好,张明!你周末有什么打算?

张明:没什么。我可能待在家里,给中国的父母和朋友写几封信。你有好主意吗?

李刚：我想去郊外，前提是天气要好才行。你想不想一起去？

张明：当然。我很有兴趣。我来这里已经有两个月了，但是对这里还不熟悉。但是信……

李刚：一起来吧！你肯定会觉得非常有趣，这也是一个好机会去认识这个国家。信你以后也可以写。

张明：你什么时候出发？

李刚：明天将近8点钟时我来接你，然后我们出发。我们先去艾弗尔山，然后经过比特堡区特里尔。

张明：我们什么时候返回？

李刚：晚上9点至10点之间。也可能会晚，看交通状况如何了。

张明：听起来不错。我当然乐意同去喽！

Lektion 8

Text A

您有业余爱好吗？

Meier先生进行一次关于业余活动的调查。

他询问路人：

Meier先生：对不起！我可以稍微打扰您一下吗？

路人1： 可以。什么事？

Meier先生：您有业余爱好吗？

路人1： 业余爱好？当然！

Meier先生：是什么？

路人1： 我喜欢踢足球。

Meier先生：您每隔多久去踢一次球？

路人1： 不是太经常。大约一周一次。

Meier先生：您觉得2006世界杯怎样？

路人1： 很棒！德国和世界一起欢庆这个伟大的节日。

……

Meier先生继续询问：

参考译文

Meier先生：对不起！可不可以问一下您的职业是什么？
路人2： 我是教师。
Meier先生：您有业余爱好吗？
路人2： 您说什么？这里太吵了。
Meier先生：您业余时间做什么？
路人2： 业余时间？嗯，我喜欢听音乐，晚上经常去音乐会。但有时下班后太累了，那时我就指向待在家里，听听古典音乐。我对贝多芬和勃拉姆斯感兴趣。

Text B

旅游——一项深受德国人喜爱的业余活动

许多德国人周六和周日放假，不必工作。这时，他们或者去郊游，或者待在家里。一些德国人想好好睡一觉，看看电视，读读书或者去散散步。运动也很重要：并不是所有的人都积极参与，许多人只是在一边观看。餐馆、酒馆以及博物馆、电影院、剧院也生意兴隆。但是主要的休假时间还是夏季，多数德国人在这段时期出门旅行。

旅行是除汽车之外最受德国人喜爱的一项业余爱好。主要旅行目的地：奥地利、意大利、西班牙，还有希腊、法国和丹麦。目前备受喜爱的度假地是迪拜。许多年轻人——尤其是大学生在旅行中认识世界，积累生活经验。

Lektion 9

Text A

购　物

1. 在市场上

Müller先生想买些水果，去了市场。

售货员： 您想要点什么？
Müller先生：我想买些水果。苹果怎么卖？
售货员： 每公斤0.75欧元。
Müller先生：给我来两公斤。橙子呢？

153

售货员： 这个目前有些贵。每公斤1.50欧元。

Müller先生： 天哪！那香蕉怎么卖？

售货员： 每公斤0.80欧元。

Müller先生： 那我再买一公斤香蕉。

售货员： 还买其他的吗？

Müller先生： 不，就这些。

售货员： 那么，两公斤苹果，一公斤香蕉。总共2.30欧元。

Müller先生： 给您。

售货员： 谢谢！

2. 在商场

李刚想买一件大衣，他和张明一起去商场。

李刚：看，那件大衣。你觉得怎样？

张明：颜色对你来说太暗了。不过看看这里这一件。这件很漂亮。

李刚：你这样认为？可是我觉得它对我来说太艳了。

张明：那这一件呢？它既不太暗也不太艳。它和你的裤子也搭配。

李刚：那我就试试吧！

张明：很好。你穿很合身。

李刚：我也很喜欢，我买了。

Text B

在一个德国家庭做客

Schneider太太今天生日。李刚受邀去他家吃晚饭，他给Schneider太太带去一束花。他6点钟出发，7点钟准时到达。

门铃响了。Schneider太太来开门，问候道：

"晚上好，李先生！您来了真是太好了！请进！"

李刚把花束递给她并说道：

"衷心祝您生日快乐！"

"您真是太好了！非常感谢！您请坐！晚饭马上就好。"

Schneider太太给客人上了饮料，并和他聊起了德国的生活。

大约7点一刻开始吃饭。饭菜很丰盛、美味，有汤、鱼、肉和土豆沙拉。红烧牛肉面尤其好吃。饮料有红酒、啤酒、果汁和可乐。大家举杯共祝Schneider太太生日快乐。饭后人们又享用了一块糕点作为饭后甜点,糕点的味道也美极了。

将近10点钟时,李刚告辞:

"再一次衷心感谢您的邀请!在您这里过得非常愉快。"

然后他就乘公共汽车回家了。

Lektion 10
Text A

李刚太忙了

1. 找房子

    李刚住得离大学太远了。他正在找一个新的房间。

    李刚:您好!我姓李。我看到了您的广告。房子还空着吗?

    房主:是的,还空着。您请进来看看房间!

    李刚:有点小,但很舒适。

    房主:我可以问一下您是做什么的吗?

    李刚:我是大学生,在这里的大学学习。

    房主:那这个房间非常适合您。这个地方很安静。

    李刚:房子租金多少?

    房主:每月150欧元,电费和暖气另算。

    李刚:好的,我租了。我明天可以搬进来吗?

    房主:当然。您要住到什么时候?

    李刚:我的学业还有6个月,然后我要去实习,大约3个月。到11月末或者12月初吧。

    房主:明白了。那么明天见!

    李刚:明天见!

2. 在银行

    李刚想开一个账户,去了银行。

    李刚:我想在这里开一个账户。可以吗?

    职员:当然。您想开一个什么账户,储蓄账户还是结算账户?

    李刚:我不知道。哪一个较好?

    职员:如果您想存钱的话,当然是储蓄账户,利息较高。

    李刚:可以通过这种账户转账吗?

职员：不能。那样的话您需要一个结算账户。

李刚：那我就开一个结算账户。

职员：好的。请您填一下表格！我可以看一下您的证件吗？

李刚：给您！此外，我可以在这里把欧元兑换成美元吗？

职员：不能。您得去9号窗口。

李刚：多谢！

Text B

复活节

中欧的冬季随着复活节的到来而达到顶峰。狂欢节的最后一天即圣灰星期三后再过整整46天，就是复活节星期日。这是一个由复活节彩蛋、兔子以及复活节羔羊和焰火组成的节日。

复活节除了复活节兔子和羔羊之外，复活节彩蛋也扮演着重要的角色。无论是真正的鸡蛋还是巧克力鸡蛋，无论是装饰树枝的鸡蛋还是被描绘得多彩多姿的早餐彩蛋——在德国，没有复活节彩蛋的复活节是难以想象的。早在公元前，在几乎所有的民族中，彩蛋就作为万物复苏和丰收的象征被赋予了重要的意义。

此外，复活节的起源也不应被忘记：在复活节星期日，基督徒庆祝基督从死亡走向复活。人们不把死亡看作结束，而是新生命的开始。

Lektion 11

Text A

在街上问路

Schmidt先生：劳驾，请问去歌德学院怎么走？

路人1：　　　歌德学院？不好意思，我从没听说过。

Schmidt先生：没关系。谢谢！

……

Schmidt先生：对不起，这儿我不熟。您能告诉我，歌德学院在什么地方吗？

路人2：　　　哦，在康德大街，离这儿挺远的。

Schmidt先生：我怎么才能到那儿呢？

参考译文

路人2：	您得坐地铁。地铁站离这儿很近。您仔细听我说。沿着这条街直走，到第一个十字路口，然后向右拐！在那儿您会看到一个蓝色的站牌。从那儿坐6号地铁到市政厅，然后转3号地铁，大概坐五六站到保罗教堂下就可以了。
Schmidt先生：	那儿离歌德学院还远吗？
路人2：	不，就在教堂的左侧。
Schmidt先生：	啊，我明白了，先坐6号地铁到市政厅，接着转乘3号地铁到保罗教堂，教堂左侧就是歌德学院了。
路人2：	没错！
Schmidt先生：	哦，您真是太好了，多谢！
路人2：	别客气！

Text B

人靠衣装

俗话说，人靠衣装。真的是这样吗？

穿一套深色晚礼服还是穿一套舒适的家居服会给他人完全不同的印象。同时我们自身也会有不同的感受。所以说，人靠衣装。

有些人认为，有足够的钱和满满一橱柜衣服，那么他们就会正确着装了。可是他们错了！钱不是最主要的，重要的是：我们有什么？我们如何着装？这取决于个人品位的高低。

我们不能穿着晚礼服去办公室。不是每一件衬衫都适合任何一套西装，不是每一件衬衣都适合任意一条裙子。白色衬衫适合搭配深色西装，而夹克则配以彩色衬衣。此外白衬衫永远是时尚的，它适合每套西装。请您也要选对鞋子！棕色的鞋适合配夹克和牛仔，不适合深蓝或黑色的晚礼服。黑鞋配各种西装都不错。

关于颜色还要再谈一点。灰色适合很多人，蓝色看上去也不错。而棕色经常让人看着显老，不是每个人都合适。

正确的着装意味着：穿得有品位。真正高雅时尚的衣裙总是款式简单的。

157

Lektion 12

Text A

看 病

Schmidt先生：您好，大夫！

医　　生：您好！请坐！您怎么了？

Schmidt先生：这几天我一直不舒服。嗓子痛、头疼，还常咳嗽。可能是因为上星期一次散步的时候着凉了。

医　　生：您量过体温了吗？

Schmidt先生：量了，昨天晚上38.2℃，现在正常了。

医　　生：请您张开嘴巴，说"啊"！

Schmidt先生：啊……

医　　生：您的嗓子有些发炎，请把上衣解开！好的，请深吸一口气！现在屏住呼吸，然后呼气！谢谢！嗯，您是感冒了。

Schmidt先生：大夫，严重吗？

医　　生：不用担心，不怎么严重。我给您开一个药方。去药房取药！每天服三次，每次两片。两三天您就会好的。

Schmidt先生：还有什么要特别注意的吗？

医　　生：请您多吃些蔬菜和水果，穿暖和点，注意休息！

Schmidt先生：非常感谢，再见！

医　　生：再见，祝您早日恢复健康！

Text B

我可以介绍一下自己吗？

您好，我可以介绍一下自己吗？

我叫欧元。您一定已经听说过了。我是欧盟15个国家的官方货币。从2002年1月起有3亿多人要用我来支付大大小小的账单。您看：我还是挺重要吧。

请问，您说什么？我还很年轻？这没错。不过我也不是您想象的那么年轻。因为早在1970年就已经有了建立一个共同的欧洲货币体系的想法。那时人们把这个规划称作是"欧洲经济货币联盟"。

参考译文

人们是不是喜欢我呢？嗯，是的，我承认，最初我并不是特别受欢迎，主要是德国人。他们说过："我们不想要不稳定的欧元，我们宁可用我们坚挺的德国马克。"许多人曾担心物价上涨并且确信："欧元会很贵。"

但是在此期间，大多数人都发现这种统一的货币稳定且实用，而且还喜欢它的各种优点。在欧元区旅游人们不必再兑换货币，与以前相比还能更好地比较各地的价格。我想，大多数人已经习惯于使用我了。

嗯，现在您已经认识我有八种硬币和七种纸币了。也许我们又会见面了？

那好吧，再见！很高兴和您谈话。

参考答案

Lektion 6

1. 用haben或sein的正确形式填空。

   1) bin, bist
   2) haben
   3) Seid, sind, ist
   4) ist, ist
   5) Hast, habt
   6) sind, bin
   7) Haben
   8) ist, ist

2. 用所给动词的正确形式填空。

   1) beginnt
   2) lesen
   3) steht, auf
   4) machen, Studieren, arbeite
   5) Heißt, ist
   6) ist, arbeitet
   7) öffnet
   8) wohnt, wohnt

3. 填入合适的物主代词。

   1) Ihre, mein, meine
   2) meine
   3) dein, dein
   4) mein
   5) deine, meine, ihr, mein, sein

4. 完成下列对话。

   1) Wie geht's, Danke, Ihnen, gut
   2) Heißen, heiße, Und Sie
   3) ist, das ist, Wolfgang, Tag
   4) kommen, Aus
   5) ist kein, ist eine

5. 对划线部分提问。
   1) Woher kommt dein Lehrer?
   2) Wie alt ist der Student?
   3) Wohin geht dein Vater heute?
   4) Was ist Herr Fischer?
   5) Wo wohnen Sie jetzt?
   6) Wie lange arbeitet die Verkäuferin pro Tag?

6. 根据课文意思填空。
   1) treffen sich am, kommt aus, München, wohnt arbeitet bei, kommt Berlin, fährt nach
   2) kommt aus, Ingenieur, 8 pro Tag. Seine heißt/ist, Sie, Sie halbtags, ihr in die, ihre erst geht noch Kindergarten

7. 汉译德。
   1) Das ist mein Freund Hans. Er kommt aus Deutschland.
   2) Wann steht Hans morgens auf?
   3) Herr Schmidt ist Techniker. Er arbeitet bei Siemens.
   4) Wir machen jetzt Übung 6.
   5) Ich fahre jetzt nach Hamburg und morgen nach Hause.
   6) Anna ist erst 4 und geht noch in den Kindergarten.

Lektion 7

1. 用所给动词的正确形式填空。
   1) sprechen, spricht
   2) geht, geht
   3) wirst, werde
   4) geht, nimmt
   5) bist, studiere, werde
   6) machst, lese
   7) arbeitest, bin
   8) heißt

2. 用所给动词的正确形式填空。
   1) verlässt, verlasse
   2) hast vor, schreibe
   3) fragen, fragen
   4) fährt, fährt
   5) kommt an, müssen warten
   6) lest, schläft

3. 填入情态动词können，möchten或wollen的正确形式。
   1) kannst
   2) Kann
   3) Möchten
   4) möchte/will
   5) können, möchte
   6) Kannst

7) willst/möchtest

4. 选词填空。

   1) kommt an
   2) studiert, wird
   3) steht
   4) hängt ab
   5) ist, kennt aus
   6) machen, kennen lernen
   7) fahren ab
   8) klingt, komme mit

5. 完成下列对话。

   1) ist, ist
   2) heißt
   3) Wie spät
   4) Wieviel, geht nach, telefoniert
   5) ins, mit, hast, Nein, zu, Doch

6. 根据课文意思填空。

   1) geht, telefoniert, Maschine landet 2, holt ab
   2) und sind Freunde, studieren Universität, möchte Wochenende Ausflug, nichts, Eigentlich zu Hause schreibt Paar an seine Freunde
   3) ist 2 Bonn, kennt aus, ist Chance, wird interessant, mitkommen
   4) fahren 8 ab, in, über, nach, Zwischen kommen

7. 汉译德。

   1) Morgen fahren wir um 9 ab.
   2) Jetzt ist es schon halb 9. Der Unterricht beginnt um 8 Uhr. Ich bin wieder mal zu spät.
   3) Meine Uhr steht. Können Sie mir sagen, wie spät ist es?
   4) Ich bin Student und studiere an der Universität München.
   5) Wir haben morgen keinen Unterricht und möchten einen Ausflug machen.
   6) Die Idee klingt sehr interessant.

Lektion 8

1. 填入合适的代词。

   1) Wen
   2) es
   3) ihn, mich
   4) dich
   5) ihn
   6) Sie

7) Ihr, euch   8) sie

2. 填入合适的冠词或物主代词。

1) dem   2) Ihre, keine

3) einen/X, ihren, ihre, den, ihre   4) meine

5) ihr   6) keinen, die, eine

3. 填入合适的定冠词或不定冠词，不必要的地方可不填。

1) eine, Die, einen, Der, einen, eine, Der, das, Die, X, einen. Der, X, einen

2) X, einen, eine, X, X   3) X, X, eine

4) X, eine, die   5) ein, X

6) X, X, X

4. 填入合适的副词性数词和时间副词。

1) Erstens, zweitens   2) oft, Nie

3) einmal   4) immer

5) selten

5. 用 dürfen 或 müssen 的正确形式填空。

1) darf   2) Darf

3) Darf   4) muss

5) darf   6) dürfen

7) dürfen   8) muss

6. 介词填空。

1) für   2) bis

3) Durch   4) Durch

5) Ohne   6) Gegen

7) um   8) in, zu, an

7. 用下列单词造句。

1) In der Freizeit möchte ich Musik hören.

2) Manchmal haben wir keine Arbeit und möchten einen Ausflug machen.

3) Er kommt nicht aus China, sondern aus Japan.

4) Mein Bruder und ich spielen am Samstag oft Fußball.

5) In zwei Wochen kommt mein Freund zu mir, dann besuchen wir meine Eltern.

163

6) Wie findest du den Film?

7) Wann fährt der Zug morgen Vormittag nach Bonn ab?

8) Am Samstag wollen wir bis 10 Uhr schlafen.

8. 汉译德。

1) Was bist du von Beruf? Was machst du in der Freizeit?

2) Er spielt gern Fußball. Er findet die WM 2006 herrlich.

3) Welche Feste gibt es in Deutschland? In China feiert man jedes Jahr das Frühlingsfest.

4) Michael möchte eine Reise durch China machen.

5) — Was hast du am Sonntag vor?

— Ich möchte ins Kino gehen. Und du?

— Ich gehe wahrscheinlich spazieren und dann zum Supermarkt einkaufen.

6) Er hat keine Lust zum Lernen und mache nie Hausaufgaben.

Lektion 9

1. 冠词填空。

einer, das, dem, dem, der, dem, unseren/den

2. 介词填空，如有需要可加冠词。

1) um, aus
2) mit, zu
3) ins
4) zum
5) zu, ins
6) auf
7) ins
8) mit, zur
9) in
10) von
11) an
12) vor
13) zum
14) Aus
15) Am
16) ins

3. 代词或冠词填空。

1) deinen
2) Ihne unsere
3) Ihnen
4) meinem
5) sie, den
6) seinem, ein

7) den   8) Wem, das

4. 填入合适的人称代词。

  uns, ihr, mir, ihm, mir, ihm, uns, ihnen

5. 请填写mögen或者sollen的正确形式。

  1) Soll   2) mögen

  3) sollst   4) mögen, sollen

  5) sollst

6. 完成下列对话。

  Komm, Platz, dir, auf dem, Wohin, ihn, den, am, auf die, eine, den, Im, im, für, sie, auf den, zu, für, dir, dir, über mir, unter mir, wohnt, unserem

7. 选词填空。

  lädt ein, reicht, wünscht, gefällt, bietet an, haben, schmeckt, unterhalten sich, verabschiedet sich, fährt, nimmt

8. 汉译德。

  1) — Was kostet der Fleisch?

    — 2.20 Euro das Kilo.

    — Und die Milch? Wieviel kostet eine Dose?

    — 1.00 Euro

    — Und das Ei?

    — 0.30 Euro das Stück.

  2) Herr Bauer hat heute Geburtstag. Er lädt uns zu sich zum Essen ein.

  3) — Herzlichen Glückwunsch zum Geburtstag!

    — Danke.

  4) Können Sie mir das Wasser dort reichen?

  5) — Darf ich Ihnen helfen, meine Dame?

    — Die Schuhe gefallen mir sehr, sind aber nur ein bisschen groß.

    — Dann probieren Sie mal diese hier?

    — Die sind gut. Dann nehme ich sie. Was kosten sie?

    — 280.00 Euro.

    — Mensch, so teuer!

Lektion 10

1. 在必要的地方补充合适的词尾。

   1) er, X   2) es, s
   3) en, n   4) ie, e
   5) ie   6) en, en
   7) en, nen, er   8) en, n
   9) er, er   10) er

2. 填入合适的介词，如有必要可加冠词。

   1) Nach   2) Während
   3) nach, in   4) um, zwischen, bis
   5) außer   6) Wegen, zu, ins
   7) an   8) in, nach
   9) Seit, im, mit   10) zum

3. 填入合适的人称代词或反身代词。

   1) sich, sich, sich, sich, sich, sich, sich, ihn, du, mich, ich, dich, sich, sich, sich
   2) sich   3) mich, ihnen
   4) sich   5) uns
   6) sich   7) sich
   8) mich

4. 情态动词填空。

   1) möchte, möchte, möchten   2) möchtest, möchtest, möchte, kann, muss
   3) möchte, darf, muss   4) kann, müssen

5. 选词填空。

   1) überweisen   2) machen
   3) beschäftigen   4) Kommen herein, schauen sich an
   5) meldet sich   6) anbieten
   7) spielt eine Rolle   8) gehen

6. 完成下列对话。

   1) ein Konto, ein, ein, weiß, besser, ein, bringt Zinsen
   2) Wie, studierst, mich mit, lange, mache, bei, wünsche

7. 根据课文回答问题。

   1) Denn er wohnt zu weit von der Universität.

   2) Klein, aber gemütlich.

   3) 150 Euro im Monat. Es ist nicht teuer.

   4) 9 Monate.

   5) Ein Girokonto. Er möchte Geld überweisen.

   6) Ende des Winters, 46 Tage nach Aschenmittwoch.

   7) Osterhase, Ostereier, Osterlamm und Osterfeuer.

   8) Die Christen feiern zu Ostern die Auferstehung Jesu Christi vom Tod.

8. 汉译德。

   1) Das Zimmer ist ein bißchen klein, aber ruhig und gemütlich. Es ist sehr geeignet für Sie.

   2) Füllen Sie bitte die Formulare aus. Darf ich Ihren Ausweis'mal sehen?

   3) Ostern ohne Ostereier ist undenkbar.

   4) Ende dieses Monats fahren wir in den Urlaub.

   5) Ich möchte meinem Vater ein Ostergeschenk kaufen.

   6) Ob er kommt oder nicht, jetzt müssen wir abfahren.

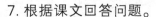

1. 将下列句子改成命令句。

   1) Grüßen Sie Ihre Eltern von mir!

   2) Hilf der alten Frau bei der Arbeit!

   3) Erzählt uns etwas über das Leben dort!

   4) Arbeite fleißig!

   5) Geben Sie uns die Hefte!

   6) Wartet noch einen Moment!

   7) Setzen Sie sich ans Fenster!

   8) Lass(e) deine Probleme zu Hause!

2. 填入动词命令式。

   1) Nehmt, übersetzt   2) rauchen Sie, trinken Sie

3) komm(e), schreib(e) 4) sei, gib

3. 填入正确的指示代词。

1) Diese 2) Dieses

3) diese 4) diesen

5) dieser 6) dieser

7) diesen 8) dieses, diesen

4. 填入正确的形容词词尾。

1) en 2) e, en

3) en 4) en

5) en, e 6) er, en

7) en, en 8) en, er

9) es 10) en

5. 用welch-或was für ein-对划线部分提问。

1) Was für einen Tisch möchtest du kaufen?

2) Welchen Anzug trägst du nicht gern?

3) Welchem Schüler kann ich keine guten Noten geben?

4) Welcher Student spricht gut Englisch?

5) Von welcher Geschichte möchtest du nicht mehr hören?

6) Auf was für eine Frage antwortet dir Hans?

7) Was für ein Auto steht hinter dem Haus?

8) Welcher Frau dankt Herr Hoffmann für die Hilfe?

6. 用下列单词造句。

1) Die Mutter erzählt ihrem kleinen Kind eine interessante Geschichte.

2) Wer passt auf den alten Mann auf?

3) Es gibt in dieser kleinen Stadt keine schönen Hochhäuser.

4) Welche ausländischen Zeitungen liest du gern?

5) Ich gehe morgen mit einer guten Freundin ins Kino.

6) Er unterhält sich mit einem deutschen Studenten über das reiche Kulturleben in Berlin.

7. 完成下列对话。

   1) Entschuldigung, komme, Nähe, oder, entlang, zur, nach, Seite, Vielen, für

   2) Entschuldigen, Wo, liegt/befindet sich, dorthin, bis, in, weit, Gern

8. 回答问题。

   1) Nein, das Geld ist nicht die Hauptsache.

   2) Nein, es ist nicht immer schön, wenn man ein buntes Hemd trägt.

   3) Ein weißes Hemd passt zu jedem Anzug und bleibt immer modern.

   4) Nein, ein brauner Schuh passt zu Freizeitanzügen, aber nicht zu einem dunkelblauen oder schwarzen Anzug.

   5) Ja, ein schwarzer Schuh sieht zu jedem Anzug gut aus.

   6) Weil Braun oft alt macht.

   7) Grau passt zu vielen Menschen.

   8) Ein elegantes Kleid BA immer einfach.

9. 汉译德。

   1) Entschuldigung, können Sie mir sagen, wie ich zum Flughafen komme?

   2) Es tut mir leid, ich bin fremd hier.

   3) Er ist immer geschmackvoll gekleidet.

   4) Er träg heute ein weißes Hemd und sieht sehr jung aus.

   5) Dieses große Kaufhaus liegt in der Nähe des Goethe-Instituts.

   6) Welcher Anzug gefällt dir, der dunkelblaue oder der schwarze?

   7) — Was für ein Hemd möchten Sie?
      — Ich brauche ein schwarzes Hemd.

   8) Lernen ist für alle jungen Leute die Hauptsache.

Lektion 12

1. 填入正确的形容词词尾。

   1) es   2) e, e
   3) er   4) em
   5) en, en   6) e
   7) e, e   8) er

9) es   10) er, er

2. 用所给的形容词回答问题。

1) Das ist grüner/schwarzer Tee.

2) Ich habe chinesische/englische Bücher gekauft.

3) Ich trinke starken/heißen Kaffee.

4) Das ist fränzösisches/deutsches Geld.

5) Er schreibt mit roter/blauer Tinte.

6) In großen/hellen Zimmern wohnen die Studenten.

3. 填入正确的形容词词尾。

1) e   2) e, er

3) er, e, e, er, e, e, er, e   4) er, es, e

5) en, em   6) em, en

4. 请将下列句子改写成现在完成时。

1) Haben Sie mit meinem Vater gesprochen?

2) Er hat einige lange Sätze gebildet.

3) Ich bin drei Tage in Bonn geblieben.

4) Wie lange hast du Deutsch studiert?

5) Die Uhr hat auf dem Tisch gelegen.

6) Der Schüler hat den Text noch einmal gelesen.

7) Herr Wang hat kein Bier trinken dürfen.

8) Meine Eltern haben eine Reise gemacht und sind nach Italien gefahren.

9) Er hat mir einige Großstädte in Deutschland genannt.

10) Auf einer Party hat sie ihren Mann kennen gelernt.

5. 用所给动词的现在完成时填空。

bin, aufgestanden; habe, gewaschen, gebracht; habe, gefrühstückt; habe, gegessen, getrunken; habe, geschrieben; bin, gefahren; habe, getroffen; habe, gesehen; haben, unterhalten; habe, genommen; bin, gegangen, habe, gewartet; ist, angekommen; ist, ausgestiegen; haben, verlassen; hat, erzählt; sind, spazieren gegangen; hat, eingeladen; hat, geholfen; haben, gedankt; sind, gewesen; sind, gegangen

6. 用haben，sein和werden的过去时填空。

   1) warst 2) hatte
   3) hatten 4) wurdest
   5) Wart 6) wurde

7. 完成下列对话。

   Guten, fehlt, fühle, Seit, Haben, messen, frei, in, Sorge, gesund, Rezept, nehmen, Auf, Besserung

8. 根据课文回答问题。

   1) Dreizehn Länder führen den Euro als das offizielle Zahlungsmittel ein.

   2) Seit dem 1. Januar 2002 zahlt man seine Rechnungen mit dem Euro.

   3) Nein, am Anfang war der Euro bei den Deutschen nicht besonders beliebt.

   4) Jetzt findet man den Euro stabil und praktisch.

   5) Beim Reisen in „Euroland" muss man kein Geld mehr wechseln und kann die Preise viel besser vergleichen als früher.

   6) Im Text haben wir acht Münzen und sieben Scheine kennen gelernt.

9. 汉译德。

   1) Seit ein paar Tagen habe ich eine Erkältung und fühle mich nicht wohl.

   2) Darf ich Ihnen meinen guten Freund Herrn Müller vorstellen?

   3) Der junge Professor ist bei den ausländischen Studenten sehr beliebt.

   4) Hast du dich schon an das Leben in Deutschland gewöhnt?

   5) Auf dem Weg zur Arbeit bin ich meinem alten Studienfreund begegnet. Wir haben uns mehr als zehn Jahre nicht gesehen.

   6) Peter ist erst seit einem Jahr in Beijing und hat schon viele chinesische Freunde kennen gelernt.

   7) Ich habe mir die Hände mit warmem Wasser gewaschen.

   8) Nur wenige junge Leute finden das Buch interessant.

171

词汇表

A

	ab/biegen		拐弯，转弯；使……变弯曲	L.11 A
	ab/fahren		出发，开出	L.7 A
	ab/hängen + von + D		取决于……	L.7 B
	ab/holen + A		接	L.7 A
der	Abend -e		晚上	L.2
der	Abendanzug ⸚ e		晚礼服	L.11 B
das	Abendkleid -er		晚礼服（裙）	L.11 B
	aber	Adv.	但是	L.4
	aktiv	Adj.	主动的，积极的	L.8 B
	alle	Pron.	所有的	L.8 B
	alles	Pron.	全部，一切	L.9 A
	als		作为	L.10 B
	als	Konj.	与……相比	L.12 B
	Amerika		美国	L.5
	an + D/A	Präp.	到……旁边去，在……旁边	L.6 A
	an/bieten + A		有礼貌地送上（饮食等），敬（烟、酒、茶）	L.9 B
	an/halten		使停止；停住	L.12 A
	an/kommen		到达	L.7 A
	an/stoßen		碰撞	L.9 B
der	Anfang ⸚ e		开始	L.10 A
die	Angst ⸚ e		害怕；担忧	L.12 B
die	Annonce-n		广告	L.10 A
der	Anzug ⸚ e		（整套）西装	L.11 B
der	Apfel ⸚		苹果	L.9 A
die	Apotheke -n		药房	L.12 A
die	Arbeit -en		工作	L.6 B
	arbeiten		工作	L.5

词汇表

der	Arzt ¨ e		医生	L.12 A
der	Aschermittwoch		（宗）圣灰星期三	L.10 B
	auch	Adv.	也	L.6 A
	auf + D/A		在……上，到……上面去	L.9 A
	Auf Wiedersehen!		再见！	L.1
	auf/machen		打开	L.12 A
	auf/passen + auf A		注意；照看	L.11 A
	auf/stehen		起床	L.6 B
die	Auferstehung		（宗）复活，再生	L.10 B
	aus + D	Präp.	来自……，由……组成	L.2
	aus/atmen		呼出	L.12 A
	aus/füllen		填写	L.10 A
	aus/schlafen		睡足，赖床	L.8 B
	aus/sehen		显得；似乎，好像	L.11 B
der	Ausflug ¨ e		郊游	L.7 B
die	Auskunft ¨ e		答复，（打听到的）情况；问询处	L.11 A
der	Ausweis -e		证件	L.10 A
das	Auto -s		汽车	L.6 B

B

der	Bahnhof ¨ e		火车站	L.6 A
die	Banane -n		香蕉	L.9 A
die	Bank -en		银行	L.10 A
	bedeuten		意思是，意味着	L.11 B
die	Bedeutung -en		意义，意思	L.10 B
	begegnen + D		遇见，碰见	L.12 B
der	Beginn		开始，开端	L.10 B
	beginnen (+ mit)		开始	L.6 B
	bei + D	Präp.	在某人处；在……地方；在……期间	L.6 A、L.8 B
	beliebt + bei + D	Adj.	喜爱的，受欢迎的	L.8 B
	bemalt	Adj.	被涂色的	L.10 B
	bequem	Adj.	舒适的，舒服的	L.11 B
	bereits	Adv.	已经	L.10 B
	Berlin		柏林	L.6 A
der	Beruf -e...		职业，工作	
	von Beruf		从事……工作	L.5、L.8 A
	beschäftigt	Adj.	忙碌的	L.10 A
	besonders	Adv.	尤其地	L.8 B
	besser	Adj.	更好	L.10 A

173

	bestimmt	Adj./Adv.	肯定，一定	L.7 B
der	Besuch -e		访问，做客	L.9 B
	besuchen + A		参观，拜访	L.8 B
das	Bier -e		啤酒	L.8 B
	bis + A	Präp.	直到……	L.1
	Bis morgen!		明天见!	L.1
	Bitburg		比特堡	L.7 B
	bitte		请	L.2
	blau	Adj.	蓝色的	L.11 A
	bleiben		停留，逗留	L.7 B
der	Bleistift -e		铅笔	L.4
der	Blumenstrauß ⸚ e		花束	L.9 B
die	Bluse -n		（女）衬衫，（女）上衣	L.11 B
	Bonn		波恩	L.4
	brauchen		需要	L.11 B
	braun	Adj.	棕色的，褐色的	L.11 B
der	Brief -e		信	L.7 B
der	Bruder ⸚		兄弟	L.6 B
	bunt	Adj.	五彩的，五颜六色的	L.9 A
das	Büro -s		办公室	L.11 B
der	Bus -se		公共汽车	L.6 B

C

die	Chance -n		机会	L.7 B
der	Chemiker -		化学家	L.5
	China		中国	L.7 B
der	Christ -en		基督教徒	L.10 B
die	Cola -s		可乐	L.9 B

D

	da	Adv.	这时，那时；这里，那里	L.4
	dabei	Adv.	与此同时，此外	L.10 B
	damals	Adv.	那时，当时	L.12 B
	danach	Adv.	然后	L.10 A
	Dänemark		丹麦	L.8 B
	Danke!		谢谢	L.3
	dann	Adv.	然后	L.7 A
	darüber hinaus		此外	L.10 B
	das	Pron.	这	L.1

词汇表

das	das Konzert - e		音乐会	L.8 A
	dass	Konj.	连词，引导从句	L.7 B
	dauern		持续	L.6 B
	dein		你的	L.9 A
die	Dekoration -en		装饰	L.10 B
	denkbar	Adj.	可以想象的	L.10 B
	denken		思考；认为；想念	L.12 B
	denn	Part.	究竟，到底	L.5
	derzeit	Adv.	这期间	L.8 B
der	Deutsche -n		德国（男）人	L.8 B
	Deutschland		德国	L.2
	dich (Akk.)		你（第四格）	L.7 A
	dieser/diese/dieses	Pron.	这个	L.9 A
	dir (Dat.)		你（第三格）	L.3
die	D-Mark -		德国马克	L.12 B
	doch		（小品词，表达愿望或要求时加强语气）	L.4
	dort	Adv.	那儿，那里	L.6 A
	dorthin	Adv.	到那儿去	L.11 A
die	Dose -n		罐，盒	L.9 B
	Dresden		德累斯顿	L.6 A
	dringend	Adj.	紧急的，急迫的	L.8 B
	Dubai		迪拜	L.8 B
	dunkel	Adj.	暗的，黑暗的	L.9 A
	dürfen		允许	L.8 B
	Düsseldorf		杜塞尔多夫	L.6 B

E

die	Eifel		艾弗尔山	L.7 B
	eigentlich	Part.	原本，本来	L.7 B
	ein bisschen		一些，一点儿	L.9 A
	ein paar	Num.	几个	L.7 B
	ein/atmen		吸入	L.12 A
	ein/kaufen		采购，购物	L.9 A
	ein/kaufen + A		采购，买进	L.6 B
	ein/laden		邀请	L.9 B
	ein/ziehen		迁入	L.10 A
	einfach	Adj.	简单的，容易的；朴实的；单程的	L.11 B
	einige	Num./Pron.	一些，几个	L.11 B
die	Einladung -en		邀请	L.9 B

175

	einmal	Adv.	一次	L.8 A
	elegant	Adj.	时髦的，雅致的	L.11 B
die	Eltern		父母	L.7 B
das	Ende -n		结束，结尾	L.10 A
	Entschuldigen Sie!		对不起！	L.6 A
	entweder... oder...		或者……，或者……	L.8 B
	entzündet	Adj.	发炎的	L.12 A
	er		他	L.5
die	Erfahrung -en		经验	L.8 B
die	Erkältung -en		感冒，着凉	L.12 A
	eröffnen + A		开设，开立	L.10 A
	erst	Num./Adv.	第一的；首先；才	L.6 B
	erwachend	Adj.	苏醒的，觉醒的	L.10 B
	erzählen + A/von D		讲述	L.11 B
	es geht		还可以，还行	L.3
	es gibt...		有，存在	L.9 B
das	Essen		食物，饭菜	L.9 B
	essen + A		吃	L.7 B
	etwas	Pron.	一些，一点儿	L.9 A
	etwas anderes		其他的东西	L.4
der	Euro -		欧元	L.12 B
das	Euroland		欧元区	L.12 B
die	Europäische Union		欧盟	L.12 B
	extra	Adv.	特别的，额外的	L.10 A

F

	fahren (+ Dir.)		乘车，行驶；驾驶	L.6 A
das	Fahrrad ⸚ er		自行车	L.6 B
die	Fahrt -en		旅程，行程	L.6 A
	Gute Fahrt!		祝旅途愉快！	L.6 A
die	Familie -n		家庭	L.6 B
die	Farbe -n		颜色	L.9 A
	fast	Adv.	几乎，接近	L.10 B
	faul	Adj.	懒惰的	L.11 B
	fehlen + D		缺少；缺席	L.12 A
	feiern		庆祝，庆贺	L.8 A
	fern/sehen		看电视	L.8 B
	fertig	Adj.	完成了的，做好的	L.9 B
das	Fest -e		节日	L.8 A
das	Fieber -		发烧	L.12 A

			FIFA WM 2006	2006年世界杯足球赛	L.8 A
	finden		找到；觉得	L.8 A	
der	Fisch -e		鱼	L.9 B	
	fleißig	Adj.	勤奋的，努力的	L.6 B	
der	Flughafen ⸚		飞机场	L.7 A	
das	Flugzeug -e		飞机	L.6 B	
der	Flur -e		门厅，过道	L.9 B	
das	Formular -e		表格	L.10 A	
	fragen + A		提问	L.7 B	
	Frankfurt		法兰克福	L.7 A	
	Frankreich		法国	L.8 B	
die	Frau -en		妇女，太太，夫人	L.2	
	frei	Adj.	空闲的，自由的	L.8 B	
	frei haben		有空	L.8 B	
die	Freizeit		业余时间	L.8 A	
die	Freizeitbeschäftigung -en		业余活动	L.8 B	
	fremd	Adj.	陌生的，不认识的；外国的	L.11 A	
der	Freund -e		朋友	L.6 B	
die	Freundin -nen		女朋友	L.6 B	
	frisch	Adj.	新鲜的	L.11 B	
die	Fruchtbarkeit		丰收	L.10 B	
	früher	Adv.	以前，从前	L.12 B	
das	Frühstück -e		早餐	L.10 B	
	für + A	Präp.	为了，用于	L.6 B	
der	Fuß ⸚ e		脚	L.6 B	
	zu Fuß gehen		步行	L.6 B	
der	Fußball ⸚ e		足球	L.8 A	

G

	ganz	Adj.	整个，完全	L.6 B
die	Gaststätte -n		酒馆，旅馆	L.8 B
	geben		给，给予	L.9 B
	Es gibt…		有……	L.9 B
	geboren sein		出生	L.12 B
der	Geburtstag -e		生日	L.9 B
	geeignet + für + A	Adj.	适合……	L.10 A
	gefallen + D		使……满意，使……喜欢	L.9 A
	gegen + A	Präp.	接近，临近	L.7 B
die	Gegend -en		地区，地方	L.10 A
das	Geld		钱	L.4

	gemeinsam	Adj.	共同的，公共的	L.12 B
das	Gemüse -		蔬菜	L.9 B
	gemütlich	Adj.	舒服的，舒适的	L.10 A
	genau	Adj./Adv.	刚好，恰恰	L.10 B
	geradeaus	Adv.	径直地，笔直地	L.11 A
	geraten + in + A		处于，陷于……	L.10 B
die	Germanistik		日耳曼语言文学	L.5
	gern	Adv.	喜欢，乐意	L.7 B
der	Geschmack		味道；鉴赏力，审美观	L.11 B
	gestern	Adv.	昨天	L.12 A
	gesund	Adj.	健康的	L.12 A
das	Girokonto... ten		结算账户	L.10 A
das	Glas ⸗ er		玻璃，玻璃杯	L.9 B
	glauben		认为，以为；相信；信任	L.11 B
	gleich	Adj./Adv.	同样的，同一的	L.9 B
der	Glückwunsch ⸗ e		庆贺，祝贺，祝愿	L.9 B
	grau	Adj.	灰色的	L.11 B
	Griechenland		希腊	L.8 B
	groß	Adj.	大的，巨大的	L.8 A
	grüßen		问候，致意，招呼	L.9 B
	gucken		瞧，瞅，望	L.9 A
der	Gulasch -e/s		辣味红烧牛肉	L.9 B
	gut	Adj.	好	L.1

H

	haben		有	L.4
	halb		半	L.7 A
	halbtags		半天的	L.6 B
	Hallo!		你好！	L.1
der	Hals ⸗ e		嗓子，咽喉；脖子	L.12 A
die	Haltstelle -n		车站	L.11 A
	Hamburg		汉堡	L.6 A
das	Handy -s		手机	L.4
die	Handynummer -n		手机号码	L.4
	hart	Adj.	坚硬的，坚挺的；艰苦的	L.12 B
der	Hase -n		兔子	L.10 B
der	Hauptbahnhof ⸗ e		中心火车站	L.7 A
die	Hauptsache -n		主要的事，关键的事	L.11 B
die	Haupturlaubszeit		度假旺季	L.8 B
das	Haus ⸗ er		房屋	L.6 B

der	Hausanzug ⸚ e		家居服	L.11 B
die	Hausaufgabe -n		家庭作业	L.4
	heben		举起，抬起，提起	L.9 B
das	Heft -e		练习本	L.4
	heiß	*Adj.*	热的	L.6 B
	heißen		叫做，称为	L.1
die	Heizung -en		供暖	L.10 A
das	Hemd -en		（男）衬衫	L.11 B
	herein/kommen		进来	L.9 B
der	Herr -en		先生	L.2
	herrlich	*Adj.*	美妙的，精彩的	L.8 A
	herzlich	*Adj.*	衷心的，诚心的	L.9 B
	heute	*Adv.*	今天	L.4
	hier	*Adv.*	这里	L.3
das	Hobby -s		爱好，嗜好	L.8 A
	hoch	*Adj.*	高的；高额的	L.10 A
	holen		取来，请来	L.12 A
	Hör mal!		听着！	L.7 A
	hören		听	L.7 A
die	Hose -n		裤子	L.9 A
	husten		咳嗽	L.12 A

I

die	Idee -n		主意，想法	L.7 B
	ihm *(Dat.)*		他（第三格）	L.9 B
	ihn *(Akk.)*		他（第四格）	L.9 A
	Ihnen *(Dat.)*		您（第三格）	L.3
	Ihr		您的	L.2
	ihr		她的；他们的	L.6 B
	ihr *(Dat.)*		她（第三格）	L.9 B
	immer	*Adv.*	始终，总是	L.11 A
	in + A/D	*Präp.*	在……里面，到……里面	L.5、L.8
	in Ordnung		[口] 好的！没有问题！	L.9 A
der	Ingenieur -e		工程师	L.6 B
	insbesondere	*Adv.*	尤其地	L.8 B
das	Institut -e		学院，研究所	L.11 A
	interessant	*Adj.*	有趣的，令人感兴趣的	L.7 B
	Italien		意大利	L.8 B

179

J

	ja	Part.	是的	L.2
die	Jacke -n		夹克	L.11 B
das	Jahr -e		年；年龄，岁	L.6 B
	je	Adv.	每，各；曾经	L.12 A
die	Jeans -		牛仔裤	L.11 B
	jeder/jede/jedes	Pron.	每个，每人	L.11 B
	jetzt	Adv.	现在	L.6 A
	jung	Adj.	年轻的	L.8 B

K

der	Karneval -e/-s		狂欢节	L.10 B
der	Katoffelnsalat -e		土豆沙拉	L.9 B
	kaufen		买，购买	L.9 A
das	Kaufhaus ¨-er		（大型的）百货商店，百货公司	L.9 A
	kein		没有	L.4
	kennen/lernen + A		认识	L.7 B
das	Kilo		公斤，千克	L.9 A
das	Kind -er		孩子	L.6 B
der	Kindergarten ¨-		幼儿园	L.6 B
das	Kino -s		电影院	L.8 B
die	Kirche -n		教堂；教会	L.11 A
	klar	Adj.	清楚的，明白的	L.10 A
	klassisch	Adj.	古典的，经典的	L.8 A
das	Kleid -er		女服，连衣裙；（复数）衣服	L.11 B
	klein	Adj.	小的	L.10 A
	klingeln		发出铃声	L.9 B
	klingen		听起来（觉得）	L.7 B
	kochen (+ A)		煮	L.6 B
	kommen		来	L.2
die	Kommode -n		橱柜	L.9 B
	können		能够	L.7 A
das	Konto... ten		账户，户头	L.10 A
der	Kopfschmerz -en		头痛	L.12 A
	kosten		价值，价格为	L.9 A
	köstlich	Adj.	好吃的，美味的	L.9 B
die	Kreuzung -en		十字路口，交叉路口	L.11 A
	krönen		使圆满完成，使达到顶峰	L.10 B
der	Kuchen -		蛋糕，糕点	L.9 B

der	Kugelschreiber -		圆珠笔	L.3
	kurz	Adj.	短的	L.8 A

L

die	Lampe -n		灯	L.3
das	Land ⸚ er		国家	L.7 B
	landen		着陆	L.7 A
	lassen		让，允许；让……保留	L.11 B
	laut	Adj.	声响巨大的，吵闹的	L.8 A
	lauten		原话是，原意是	L.11 B
das	Leben		生活；生命	L.3
	leben		生活	L.6 B
	lecker	Adj.	好吃的，美味的	L.9 B
	ledig	Adj.	单身的	L.5
der	Lehrer -		老师，教师	L.8 A
	Leipzig		莱比锡	L.5
	lernen		学习	L.8 B
	lesen		读	L.4
	letzt	Adj.	最近的，最后的	L.12 A
die	Leute		人们	L.8 B
	lieber	Adv.	宁愿；更喜欢	L.12 B
	liebst	Adj.	最喜爱的	L.8 B
	liegen		位于；平放着，平躺着	L.11 A
die	Linie -n		线路，交通线；线条；排	L.11 A
	link	Adj.	左边的，左侧的	L.11 A
das	Lokal -e		小酒馆	L.8 B
	los/fahren		动身，出发	L.7 B
	los/gehen		动身，出发	L.9 B
die	Luft ⸚ e		空气	L.12 A
die	Lust		兴趣	L.7 B

M

	machen + A		做	L.4
	mal	Adv.	一次	L.7 A
	manche		有的，有些	L.8 B
	manchmal		有时，偶尔	L.8 A
der	Mann ⸚ er		男人，丈夫	L.5
der	Mantel ⸚		大衣，外套	L.9 A
der	Markt ⸚ e		市场	L.9 A

181

die	Maschine -n		飞机	L.7 A
die	Medizin -en		药物；医学	L.12 A
	mehr als		超过	L.12 B
	mein		我的	L.2
	Mein Name ist...		我的名字是……	L.2
	meinen		认为，觉得	L.9 A
	meist	Adv.	大多数	L.8 B
der	Mensch -en		人，人类	L.9 A
	Oh Mensch!		天哪！（表惊奇）	L.9 A
die	Menschheit		人类	L.12 B
	messen		测量，衡量	L.12 A
	mich (Akk.)		我（第四格）	L.9 A
die	Milch		牛奶	L.9 B
die	Minute -n		分钟	L.6 B
	mir (Dat.)		我（第三格）	L.7 A
	mit + D	Präp.	和……	L.7 A
	mit/bringen		带来，捎来，携带	L.9 B
	mit/kommen		一起去	L.4
	Mitteleuropa		中欧	L.10 B
	möchten		想要	L.7 B
	modern	Adj.	时髦的，现代的	L.11 B
	mögen		喜欢，喜爱	L.12 B
der	Moment -e		片刻，一会儿	L.7 A
der	Monat -e		月	L.5
	morgen		明天	L.1
der	Morgen -		早晨	L.1
	müde	Adj.	劳累的，疲倦的	L.8 A
	München		慕尼黑	L.6 A
der	Mund ⸚ er		口，嘴	L.12 A
die	Münze -n		硬币	L.12 B
das	Museum -seen		博物馆	L.8 A
die	Musik		音乐	L.8 A
	müssen		必须	L.8 B

N

	nach + D	Präp.	到……，往……	L.4
der	Nachtisch		正餐后的最后一道甜点心	L.9 B
die	Nähe		附近，邻近	L.11 A
der	Name -n		名字	L.2
	nämlich	Adv.	因为；即	L.12 B

die	Natur		自然	L.10 B
	natürlich	Adj./Adv.	当然，自然	L.7 B
	neben + A/D	Präp.	除……之外	L.8 B
	nehmen		拿；使用，利用	L.6 B
	nein	Part.	不	L.2
	nennen		称呼，把……叫做；说出	L.12 B
	nett	Adj.	友好的，讨人喜欢的，可爱的	L.9 B
	neu	Adj.	新的	L.10 A
	nicht	Adv.	不	L.3
	nicht... sondern...		不是……，而是……	L.10 B
	nichts		一点儿也没有，什么也没有	L.7 B
	noch		还，仍	L.6 B
die	Nudel -n		面条	L.9 B
	nun	Adv.	现在	L.6 A
	nur	Adv.	只，仅仅	L.8 A

O

	ob... oder...		无论……，还是……	L.10 B
der	Oberkörper -		上半身	L.12 A
das	Obst		水果	L.9 A
	offiziell	Adj.	官方的，正式的	L.12 B
	öffnen		打开	L.6 B
	oft	Adv.	经常，时常	L.8 A
	ohne + A	Präp.	没有	L.10 B
die	Orange -n		（甜）橙	L.9 A
das	Osterei -er		复活节彩蛋	L.10 B
das	Osterfest -e		（宗）复活节	L.10 B
das	Osterfeuer -		复活节焰火	L.10 B
der	Osterlamm ⸚er		复活节羔羊	L.10 B
das	Ostern -		（宗）复活节	L.10 B
	Österreich		奥地利	L.8 B
der	Ostersonntag		复活节星期日	L.10 B

P

der	Passant -en		路人，过路人	L.8 A
	passen + D (+ zu)		（衣着）合身，合适	L.9 A
der	Platz ⸚e		座位；广场；位置	L.12 A
	Nehmen Sie Platz!		请坐！	L.12 A
das	Praktikum -ka		实习	L.10 A

der	Preis -e		价格；奖励	L.12 B
	pro + A	*Präp.*	每	L.6 B
	probieren		尝试，试穿	L.9 A
das	Projekt -e		项目，工程	L.12 B
	pünktlich	*Adj.*	准时的	L.9 B

R

das	Rathaus ≔ er		市政厅，市政大楼	L.11 A
die	Rechnung -en		账单；计算	L.12 B
	rechts	*Adv.*	右侧，在右边	L.11 A
	reden		说话，谈话；演说	L.12 B
	reichen		把……递给	L.9 B
	reichlich	*Adj.*	丰富的，丰盛的	L.9 B
	reisen		旅行，旅游	L.8 B
das	Rezept -e		药方	L.12 A
	richtig	*Adj.*	正确的	L.11 A
der	Rock ≔ e		裙子	L.11 A
die	Rolle -n		角色	L.8 B
	ruhig	*Adj.*	安静的	L.10 A

S

der	Saft ≔ e		果汁	L.9 B
	sagen		说	L.7 A
	sammeln		收集	L.8 B
der	Samstag -e		星期六	L.8 B
der	Schalter -		（银行、邮局、铁路等机关的）窗口	L.10 A
	Schauen + A		看，瞧	L.9 A
der	Schein -e		钞票，纸币；证明	L.12 B
	schick	*Adj.*	时髦的，漂亮的	L.9 A
das	Schild -er		牌子；商标	L.11 A
	schlecht	*Adj.*	坏的，糟糕的	L.3
	schlimm	*Adj.*	糟糕的；严重的	L.12 A
	schmecken + D		有滋味，吃起来有味	L.9 B
die	Schokolade -n		巧克力	L.10 B
	schon	*Adv.*	已经	L.6 B
	schön	*Adj.*	漂亮的，美丽的	L.3
der	Schrank ≔ e		橱，柜	L.11 B
	schreiben		写	L.7 B

词汇表

der	Schuh -e		鞋	L.11 B
die	Schule -n		学校	L.6 B
	schwarz	Adj.	黑色的	L.11 B
die	Schweiz		瑞士	L.2
die	Schwester -n		姐妹	L.6 B
	sehen		看，观察	L.10 A
	sehr	Adv.	很，非常	L.3
	sein		是	L.1
	seit + D	Präp.	自从……	L.10 B
	selbstverständlich	Adj.	理所当然地	L.8 A
	sich an/ziehen		穿，穿衣；吸引	L.12 A
	sich aus/kennen		通晓，熟悉	L.7 B
	sich aus/ruhen		休息	L.12 A
	sich befinden		位于，处于	L.11 A
	sich begeitern für + A		兴奋，对……感兴趣	L.8 A
	sich erkälten		感冒，着凉	L.12 A
	sich fühlen		感觉，感到	L.11 B
	sich gewöhnen + an A		习惯	L.12 B
	sich irren		弄错，搞错	L.11 B
	sich melden		应声	L.9 B
	sich setzen		坐，坐下	L.9 B
	sich treffen		遇见，碰面	L.6 A
	sich unterhalten + über + A		聊天，闲谈	L.9 B
	sich verabschieden		告别，告辞	L.9 B
	sich (D) vor/stellen sich (A) vor/stellen		想象，设想；介绍	L.12 B
	sicher	Adv.	肯定地，当然	L.12 A
		Adj.	稳定的；确定的；安全的	
	Siemens		西门子	L.6 A
das	Sinnbild -er		象征，标志；比喻	L.10 A
	so	Adv.	如此	L.7 A
	sofort	Adv.	立刻，马上	L.8 B
der	Sohn ⸚ e		儿子	L.6 B
	sollen		应该	L.10 A
der	Sommer		夏季	L.8 B
der	Sonntag -e		星期日	L.8 B
	sonst	Adv.	此外，另外	L.9 A
die	Sorge -n		忧虑，担心；照料，关心	L.12 A
	Spanien		西班牙	L.8 B
	sparen		储蓄；节省，节约	L.10 A
das	Sparkonto... ten		储蓄账户	L.10 A
	spät	Adj.	迟的，晚的	L.7 A
	Wie spät ist es?		几点了？	L.7 A

185

	Wieviel Uhr ist es?		几点了？	L.7 A
	später	Adv.	以后	L.7 B
	spazieren gehen		散步	L.8 B
der	Spaziergang ⸚ e		散步	L.12 A
	spielen		玩；弹（乐器）	L.8 A
der	Sport		体育	L.8 B
das	Sprichwort ⸚ er		谚语，俗语，成语	L.11 B
die	Station -en		车站，站	L.11 A
	stehen		站	L.7 A
	stimmen		正确，真实	L.11 B
	stören		打扰	L.8 A
die	Straße -n		街道，路	L.11 A
	streng	Adj.	严厉的，严格的	L.11 B
der	Strom		电流	L.10 A
der	Student -en		（大）学生	L.8 B
das	Studentenheim -e		学生宿舍	L.5
	studieren		上大学	L.5
das	Studium... dien		（在大学）学习	L.10 A
die	Stunde -n		小时	L.6 B
die	Suche -n		寻找	L.10 A
	suchen		寻找	L.10 A
die	Suppe -n		汤	L.9 B
	süß	Adj.	惹人喜爱的，漂亮的	L.6 B

T

	Tablette -n		药片	L.12 A
die	Tablette -n		药片	L.12 A
der	Tag -e		白天	L.1
	täglich	Adj.	每天的，日常的	L.12 A
das	Taxi -s		出租汽车	L.6 B
der	Techniker -		技术人员	L.5
das	Telefon -e		电话	L.4
die	Temperatur -en		温度	L.12 A
	teuer	Adj.	昂贵的	L.9 A
der	Text -e		课文	L.4
das	Theater -		剧院	L.8 B
	tief	Adj.	深的；低沉的	L.12 A
die	Tochter ⸚		女儿	L.6 B
der	Tod -e		死亡	L.10 B
	tragen		穿着，戴着；提，背，抱	L.11 B
	Trier		特里尔	L.7 B
	Tschüss!		再见！	L.1

die	Tür -en		门	L.6 B

U

die	U-Bahn -en		地铁	L.6 B
	über + A/D		经过；在……上面；到……上面	L.7 B
	überweisen		汇款，转账	L.10 A
	übrigens	Adv.	此外	L.10 A
die	Übung -en		练习	L.4
die	Uhr -en		表	L.6 B
	um + A	Präp.	在……点钟	L.6 B
	um/steigen		转乘，换乘（车、船）	L.11 A
	um/tauschen		兑换	L.10 A
die	Umfrage -n		调查	L.8 A
	und	Konj.	和，又	L.1
	ungefähr	Adv./Adj.	大约，大概；大约的	L.9 B
die	Uni -s		大学	L.10 A
die	Universität -en		大学	L.7 B
der	Unterricht		课程	L.4
	unwichtig	Adj.	不重要的	L.12 B
der	Ursprung ⸚e		起源，根源	L.10 A
	usw.		等等	L.10 B

V

die	Vergessenheit		遗忘	L.10 B
	vergleichen		比较，对比	L.12 B
	verheiratet	Adj.	已婚的	L.5
die	Verkäuferin -nin		售货员	L.6 B
der	Verkehr -e		交通	L.7 B
	verlassen + A		离开	L.6 B
der	Vermieter -		出租人，房东	L.10 A
	verschieden	Adj.	不同的	L.11 B
	Verzeihung!		对不起，劳驾	L.8 A
	viel		很多	L.8 B
	Vielen Dank!		非常感谢	L.5
	vielleicht	Adv.	也许，大概	L.12 A
das	Viertel -		四分之一	L.7 A
das	Volk ⸚er		民族，人民	L.10 B
	voll	Adj.	满的，装满的	L.11 B
	von + D	Präp.	从……起，（所属关系）的	L.10 A

187

	vor + A/D	*Präp.*	在……之前；在……前面，到……前面	L.7 A
	vor allem		首先	L.10 B
	vor/haben		计划，打算	L.4
	vorausgesetzt		以……为前提	L.7 B
	vorchristlich	*Adj.*	公元前的	L.10 B
der	Vormittag -e		上午	L.7 A
der	Vorteil -e		优点，长处；利益	L.12 B

W

	wählen		选择，挑选；选举	L.11 B
	wahrscheinlich		可能，大概	L.7 B
die	Währung -en		货币	L.12 B
	wann		何时	L.7 A
	warm	*Adj.*	暖和的，热的	L.12 A
	was		什么	L.3
	was		一些，什么	L.9 A
	Sonst noch was?		还要点儿什么？	L.9 A
	Was gibt's?		有什么事吗？	L.7 A
das	Wasser -		水	L.9 B
	wechseln		兑换；替换，更换	L.12 B
	weder... noch...		既不……也不……	L.9 A
	weh	*Adj.*	疼痛的；痛苦的	L.12 A
	es tut jm.weh.		某人觉得疼	L.12 A
	weich	*Adj.*	软的；温和的	L.12 B
der	Wein -e		葡萄酒	L.8 B
	weiß	*Adj.*	白色的	L.11 B
	weit	*Adj.*	远的	L.10 A
	weiter	*Adv.*	继续	L.8 A
die	Welt		世界	L.8 A
	wer		谁	L.2
	werden		变化；成为；将要	L.7 B
	werlcher (welche/welches)		哪一个，哪一种	L.8 A
das	Wetter -		天气	L.7 B
	wichtig	*Adj.*	重要的	L.10 B
	wie		怎样，如何	L.2
	wie alt		多大	L.5
	Wie bitte?		您说什么？	L.2
	wie geht es dir?		你好吗？	L.3
	Wie geht es Ihnen?		您好吗？	L.3
	Wie geht es...		……怎么样？	L.3

词汇表

	Wie geht's?		你好吗？	L.3
	Wie heißen Sie?		您叫什么？	L.2
	wie lange		多久	L.5
	wie oft		多久一次	L.8 A
	wieder		再，又	L.7 B
	wieso		为什么	L.4
der	Winter -		冬天，冬季	L.10 B
	wir		我们	L.4
	Wie wär's mit...		……如何？	L.9 A
	wirklich	Adv./Adj.	真的，的确；真实的，真正的	L.11 B
	wissen		知道，了解	L.10 A
	wo		哪里	L.5
die	Woche -n		星期	L.8 A
das	Wochenende -n		周末	L.7 B
	woher		从哪里	L.5
	wohin		去何处	L.6 A
	wohl	Adv.	舒服；也许，大概	L.12 A
	wohnen		居住	L.5
	Wünschen		希望，愿望，要求	L.9 A
	Sie wünschen?		您想买点什么？（售货员问）	L.9 A

Z

	zahlen		支付，付款	L.12 B
das	Zahlungsmittel -		支付手段	L.12 B
	zeimlich	Adv.	相当	L.11 A
die	Zeit		时间	L.4
das	Ziel -e		目标，目的	L.8 B
das	Zimmer -		房间	L.10 A
der	Zins -en		利息	L.10 A
	zu +D	Präp.	向……，往……	L.7 B
	zu Hause		在家	L.7 B
	zu/geben		承认，供认	L.12 B
	zu/schauen		观看	L.8 B
	zuerst		起先，最初	L.7 B
der	Zug ⸚ e		火车	L.6 A
	zurück/kommen		返回	L.7 B
	zurzeit	Adv.	现在，目前	L.9 A
	zusammen	Adv.	一起	L.7 B
der	Zweig -en		树枝；分支	L.10 B
	zwischen + A/D	Präp.	在……之间，到……之间	L.7 B

189

强变化和不规则变化动词表

不定式	现在时直陈式	过去时	第二分词
ab/biegen	biegt ab	bog ab	abgebogen (sein)
ab/fahren	fährt ab	fuhr ab	abgefahren(sein)
an/bieten	bietet an	bot an	abgeboten
an/halten	hält an	hielt an	angehalten
anstoßen	stößt an	stieß an	angestoßen
auf/stehen	steht auf	stand auf	aufgestanden(sein)
aus/schlafen	schläft aus	schlief aus	ausgeschlafen
aus/sehen	sieht aus	sah aus	ausgesehen
beginnen	beginnt	begann	begonnen
bleiben	bleibt	blieb	geblieben(sein)
bringen	bringt	brachte	gebracht
denken	denkt	dachte	gedacht
dürfen	darf	durfte	gedurft
ein/laden	lädt ein	lud ein	eingeladen
ein/ziehen	zieht ein	zog ein	eingezogen(sein)
essen	isst	ass	gegessen
fahren	fährt	fuhr	gefahren(sein)
finden	findet	fand	gefunden
geben	gibt	gab	gegeben
gefallen	gefällt	gefiel	gefallen

强变化和不规则变化动词表

geraten	gerät	geriet	geraten(sein)
haben	hat	hatte	gehabt
heben	hebt	hob	gehoben
heißen	heißt	hieß	gehießen
helfen	hilft	half	geholfen
kennen	kennt	kannte	gekannt
kommen	kommt	kam	gekommen(sein)
können	kann	konnte	gekonnt
lassen	lässt	ließ	gelassen
laufen	läuft	lief	gelaufen(sein)
lesen	liest	las	gelesen
liegen	liegt	lag	gelegen
messen	misst	mass	gemessen
mögen	mag	mochte	gemocht
müssen	muss	musste	gemusst
nehmen	nimmt	nahm	genommen
nennen	nennt	nannte	genannt
schlafen	schläft	schlief	geschlafen
schreiben	schreibt	schrieb	geschrieben
sehen	sieht	sah	gesehen
sein	ist	war	gewesen(sein)
sollen	soll	sollte	gesollt
sprechen	spricht	sprach	gesprochen
stehen	steht	stand	gestanden
steigen	steigt	stieg	gestiegen(sein)
treffen	trifft	traf	getroffen
trinken	trinkt	trank	getrunken
tun	tut	tat	getan
unterhalten	unterhält	unterhielt	unterhalten
verlassen	verlässt	verließ	verlassen

werden	wird	wurde	geworden(sein)
wissen	weiß	wusste	gewusst
wollen	will	wollte	gewollt